自分発振で現実を変える

「量子力学的」願望実現の法則

Wish fulfillment

村松大輔

Daisuke Muramatsu

サンマーク出版

ツ界ではリレハンメルオリンピックの金メダリスト阿部雅司《まさし》さんなど、たくさんの方がまだ無名の私を全面的に支援してくださっています。

私が所属している倫理法人会ではモーニングセミナーの講師をさせていただくこともあり、早朝6時という時間にもかかわらず、多いときには130名ほどの経営者の方々が話を聞きに来てくださいます。また、新人研修や幹部研修に私の「願いを現実化する方法」を取り入れたいとご依頼くださる企業も増えています。

そもそも、私はひと言でいえば二〇二四年三月までの11年、「人に教える仕事」をしていました。ひとつはセミナー講師として多くの人に「思った通りに夢をかなえる方法」を伝えています。そしてもうひとつは学習塾の講師として、子どもたちを教えています。

ただし、学習塾とはいえ、子どもに教えている内容は単なる教科だけではなく、「夢をかなえる方法」です。おそらく全国を見渡しても、学習塾を開いてまで「夢をかなえる方法」を教える人はそう多くないのではないかと思います。

「そんなことで、塾が成り立つんですか?」

そのような質問を受けたのは、一度や二度ではありません。でもご心配は不要です。みんな成績もちゃんと伸びていくからです。**それだけではなく、引きこもりだった子が学校に行き始めたり、生徒会長を務めることになったり、部活動では全国大会出場など結果を出せるようになったりと、子ども一人ひとりの目標がどんどんかなうようになっています。**

望んだ通りの人生を引き寄せられるのは、子どもたちだけではありません。

たとえば私の話で申し上げるならば、前年同月比４００％を超えるほど事業が拡大し、私が主催する「開華セミナー」は急速に全国や世界に広がりを見せるようになりました。

セミナーの受講者からは、何十年も許せなかった親と和解した、冷え切った夫婦関係が改善して今ではラブラブ、過労死寸前から抜け出し天職に就くことができた、講演依頼やメディアからの依頼がどんどん来るようになった、不治の病が治った、などなど感謝のお便りをたくさんいただいています。

にわかには信じられないような話かもしれません。

でも実際に、お金の悩みも、親子の悩みも、夫婦や家族の悩みも、仕事の悩みも、健康の悩みも解決して、望んだ通りの人生を多くの方が「現実化」しているのです。

しかも、特別なことをするわけではありません。たったひとつのことを意識するだけで、あなたの人生がどんどん変化し始めるのです。

そのたったひとつのこととは、**「自分発振をすること」**です。

私たちはふだん、無意識に「自分発振」をしています。この自分発振を通して、あなたの感情や潜在意識は周囲に発振されています。そしてそれが、人生の質に最も大きな影響を与えていることがわかってきました。

いま人生がうまくいかないと感じている人は、例外なくネガティブな自分発振をしています。たくさんの方の悩みや人生に触れてきた経験から、これは断言できます。ならば、上手に自分発振すればいいのです。

この方法は性別・年齢問わず、誰でもできます。どんな悩みを抱えている人でも、人生は確実に変わるといっていいでしょう。

なぜなら、この方法は科学的な考えをベースに試し、多くの結果が出ているからです。また、手ぶらでセミナーに参加された方が、話をたった2時間聞くだけでも人生が変わってしまうほど、特別な道具も必要なくすぐに実践することができるからです。

本書ではその方法についてできるだけ丁寧に紹介し、読むだけでも変化が訪れる内容にしました。

願いがかなうとしたら、あなたはどんなすてきな人生を望むでしょうか。
その望んだ人生を、ぜひ本書を読みながら、思いっきり「現実化」してほしいと思います。

本書は、二〇一八年一一月に小社より出版された『「自分発振」で願いをかなえる方法』を改題し、一部修正を加えたものです。

推薦コメント

たくさんの方々が、本書の内容に共感してくださり、応援のコメントを寄せてくださいました。この場を借りて感謝申し上げるとともに、それをご紹介させていただきます。

子どもを持つ親や教員の方々から

小学5年生・小学2年生の母親

量子力学は、どんな本を開いても難しい理論や数式ばかりで全く理解できず、人生とは違う世界の学問と思っていました。それが、村松先生の本では「感情」が「素粒子」であるという、明確な入り口があり、量子力学の世界を本当に中学生にも分かるところまで噛み砕いて書かれています。量子力学がいかに私たちの人生そのものであるか、そして、生きる目的に至るまで、一貫して科学的な視点で書かれていて、大変心に響く本でした。

高校1年生・中学1年生の母親

日頃から意識を高く持ち、物事に取り組むことが人生をいかに豊かにするか。日々、身の回りで起こる出来事に感謝することで自分自身に沢山のご加護が入ってくる。一見、奇跡、偶然と捉えているような出来事や、苦しい出来事などは、実は私たち自身で作り出している現実・現象であると量子力学的に、主婦レベルで理系ではない私にも理解しやすいように述べられている一冊です。「心のバイブル」「生き方のバイブル」としてくり返し大切に読み続けたい一冊です。素晴らしい本を書いてくださりありがとうございます。

高校1年生の父親・県立高校教頭

嫌いだった自分の過去を初めて認めることができました。読み終えて、自分の空を覆っていた雲が晴れたようなとても清々《すがすが》しい気持ちです。人を導くうえで、また自らの人生を歩んでいくうえで、そのすべての本質を解き明かしていただけたように思います。

村松先生の力強い探究心、そしてそれを誠実に伝えようとする愛情に満ちた一つひとつの言葉に、同じ教育の場に身を置く者として深い感銘と尊敬の念を覚えます。

小学校長

若い頃、恩師から「言葉には魂が宿る。だから、プラスの言葉を使えばプラスのことが、マイナスの言葉を使えばマイナスのことが起きる」ということを言われたことがあり、それからは意識的に「プラスの言葉」を使うようにしてきました。そんな中、村松先生と出逢い、「言葉の力」について「量子力学」の視点から論理的に説明をしてもらったとき、それまで漠然としていたことが明確になり、さらに村松先生の著書を読む中で、疑心暗鬼だった感覚も「確信」に変わりました。本書の内容を実践したところ、出会いが変わり、運が良くなり、自分の思った通りに物事が進むようになりました。ぜひ、この本を多くの方々に読んでもらい、運が良くなることを体験してほしいと思います。そして世界が「愛と感謝」で満ち溢れた平和な世の中になるといいなと思っています。

各界のトップリーダーの方々から

元文部科学大臣　下村博文氏

素晴らしい本の原稿を読んだ感想です。

「『地球平和大学』を設立したい」。初めて私と会ったとき、村松大輔さんはこのように言いました。最初はやや引いていた私でしたが、村松さんのことを知れば知るほど「この人は天才だ」との思いが強くなりました。これまでの哲学と宗教を超えて、村松さんは物理学の最先端の量子力学によって人の心を救うという、人類初の「悟り」の境地を説明しています。多くの人の人生が華開くことを確信します。

東京大学名誉教授　矢作直樹《やはぎ》氏

これほどわかりやすく仕組みから説きおこされ腑《ふ》に落ちる〝生きる力〟の書はない。

SPC GLOBAL創設理事長　故・横山義幸氏

本書では、量子力学の世界を「光のフォトン」を活用することによって、宇宙の道理を、マクロの世界からミクロの世界までを網羅し捉えています。部分の中に全体が潜んでいるという真理、それを直観力によって認識させることで、常に読者を新鮮な驚きと生命浄化に導くでしょう。

この「導き」は人類全体に対応し、やがて、個々の生活の充実と世界平和、究極の生命安寧に向かうに違いありません。生命の秘密を解いた偉大な聖書ともいえる、物理・量子力学の入門書です。

株式会社Ｉｃｈｉｄｏ Ｕｐ代表取締役　塩原祥之《よしゆき》氏

人生を嘆き自暴自棄になっていたあのときも……何をしても成果が出ず自分の能力の限界に打ちひしがれていたあのときも、「いのち」は常に前を向いて僕を生かしてくれていた。僕に寄り添うようにして、汗を作り、涙を作り、「生きろ」と応援し続けてくれていた。今ならその命からの声が聞こえる。

大日本茶道協会三代目会長
一般社団法人日本おもてなしコンシェルジュ協会名誉理事　松平洋史子《よしこ》氏（徳川家末裔《まつえい》）

人間は感情の波長の中で生きています。自己主張を譲らず、固持すれば争いは絶えない。不作法を常とすれば、嫌な感じを持たれる。人から信じられたいと願うなら自分の言行に責任を持たなければならない。地球の子供達の幸福を願うなら、生命を大切にしたいと願うなら、そして危険から守ろうとするなら、このゼロポイントフィールドを学ぶことがよいと思います。私達の心の内にあるものを、宇宙に必然的に取り入れたのが、量子力学的生き方と思います。

YSこころのクリニック理事長　佐藤康行《やすゆき》氏

私たち人類はまだまだ分からないことだらけです。その分からないことを、全く新しい視点で分かるように、分かりやすく、村松大輔氏はこの本に表しています。今まで誰も解明できなかった深い話を平易に分かりやすく、親切に書かれていました。この本の出版を機に、人々は全く新しい視点に立つようになるでしょう。これからが楽しみな日本の逸材です。

リレハンメルオリンピック（スキーノルディック）金メダリスト　阿部雅司《まさし》氏

『「自分発振」で願いをかなえる方法』を読ませていただきましたが、いくつも共感する部分がありました。今はまだ「自分発振」を自分でコントロールすることはできていませんが、いま考えて行動していることが間違っていないとも思いました。

いつも相手の立場になって「相手が喜ぶことをする、相手が喜ぶ言葉をかける」をこれからも実践していこうと思います。

オフィス・マサル・エモト顧問　根本泰行氏

ポジティブな波動を発振すればポジティブな現象を引き付けることができること、それにより望む人生を現実化することができるということは、良く言われることであるが、表面の意識でそのように考えたとしても、それよりもはるかに強力な潜在意識の中にネガティブな思いが残っていれば、なかなか思うようにはいかない。そこで潜在意識を浄化するにはどうしたら良いかということが大きな問題となってくるが、著者の村松大輔さんは、独自に編み出した、日記を活用する3つの方法を具体的に提案している。それは「自分ほめ日記」「おかげで日記」「自分発振日記」の3つであり、いずれの手法もよく練られていて、極めてパワフルである。騙されたと思って、実践されることを皆様に強くお勧めしたい。

一級建築士　故・鈴木エドワード氏（さいたま新都心駅設計など多数）

大昔からインドで伝わってきた「アガスティアの葉」そして「アカーシックの場」は「ZPE（ゼロポイントエネルギー）の場」と同じ現象。昔の仙人たちが伝えてきたことを最先端の量子力学はいま解明しつつあるのです！　その世界を誰にでも分かりやすく説明してくださるのが村松大輔さんの『「自分発振」で願いをかなえる方法』です。その基礎は「愛」の他なにものでもありません。

国体空手道個人形優勝／全日本マスターズ陸上競技選手権大会優勝　新井法正氏

自分を勇気づけられるか。道を極める者にとってこれほど大事なことはありません。この本は一般の方のみならずアスリートや指導者にとって貴重な道標となることを確信いたします。

第十八回世界空手道選手権大会　女子団体組手優勝／大正大学女子空手部監督　新井彩可《あやか》氏

量子力学という聞き慣れない単語に、はじめは読みきれるか不安でしたが、読み進めると次が知りたくて読んでいてとてもワクワクしました。

目からウロコが何枚も剥《は》がれ落ち、自分の過去の答え合わせと未来を切り開く方法を教えてくれました。

目次

第1章
自分発振して夢を「現実化」する！

第2章

高いヘルツの波を起こして「次元上昇」する

第3章

潜在意識レベルで自分の全部を好きになる

第4章

「寄り添い」の自分発振は、人間関係の悩みを消してくれる

第5章

「ゼロポイントフィールド」につながって夢をかなえる

装丁――――萩原弦一郎（256）
本文DTP――朝日メディアインターナショナル
構成――――綿谷翔（こはく社）
企画協力――倉林秀光（おふぃすラポート）
校閲――――株式会社ぷれす
編集――――新井一哉（サンマーク出版）

第1章

自分発振して夢を「現実化」する！

願いがかないだす「自分発振」とは？

近年、「思考の現実化」というような形で、脳科学の分野などでは「願いをかなえる方法」のメカニズムが解明され始めています。これまではスピリチュアルな分野の話として扱われてきたようなテーマです。

またそれとは別に、私たちの体や目の前のものをつくっている〝素材〟がどのように生まれてきているのか？　の解明が物理学の分野で進んでいます。それらを組み合わせてあげれば、「自己実現」や「願望達成」といったものが、夢物語ではなくなってきている、と私は考えています。

本書でお伝えするのは、科学の分野でだんだん解明が進んできているところを考え方のベースに置いて展開されていく「願いをかなえる方法」だと思ってください。

そのキーワードは「自分発振」です。

この言葉を初めて耳にする方がほとんどかと思いますが、**自分発振とは「主体的に意識**

や感情の波を飛ばすこと」。「発振」とは、波を飛ばすことを意味しています。

私たちはふだん、いろいろなイメージや感情を抱えながら生きています。しかもそれらのイメージや感情というのは、無意識のうちに自分から「世界」に向けて「波」という形で発振されているのです。

これが量子力学でいうところの「振動」です（詳細は第2章で説明します）。

夢をかなえるためには、この「波（振動）」がとても重要なキーポイントになります。

私たちは常にひとつの「波」を発振しているわけではありません。「あの人と結ばれたい」「仲直りしたい」「仕事で結果を出したい」「もっとスキルを極めたい」という願望から、「お腹《なか》がすいた」「眠たい」「イライラする」「今日は悲しいことがあった」「どうせ自分なんて」といった感情まで、私たちはイメージや感情に合わせて、波の形**（周波数）**を変えながら、いつも発振しています。

そして、なんと驚くべきことに、**私たちの人生は、自分が発振した波の通りに現実化しているのです。**「私は医者になる！」という波を発振し続けている人は、その通りに医者になっていきます。「私は医者になりたい！　でも、やっぱり無理かな？」と思っている人は、医者にならない人生が現実化していきます。

ふだんは無意識に放出されている波ですが、その性質を知り、よりよい自分発振をするためのコツを知りさえすれば、人生はどんどんうまく回り始めます。

たった2時間で動かない足が「杖いらず」の健康体になった話

ある日、会社を夫婦で経営されている奥さんが私のもとにやってきました。社員とのコミュニケーションがうまくいかず、経営も不安になってきて、夫にも相談できない。そんな状態でひとり悩みを抱えて、私のもとにたどり着いたのです。

その奥さんは確かにとても頑張っていらっしゃいました。しかし、自分でも気づかないうちに「きっとうまくいかない」「社員たちは話を聞いてくれない」という自分発振をしていたのです。

そのことを伝えて、上手に自分発振する方法をお伝えすると、**社員がスムーズに動くよ**

うになり、会社も売上アップ。前年比１３０%を記録したといいます。さらには旦那さんとの関係もどんどんほぐれてきて、今ではとても幸せだとおっしゃっていました。

無意識に発振している自分の「波」を意識的にコントロールして、よりよい波を発振した結果です。たったこれだけで現実が大きく変化したのです。

自分発振でよくなるのは、お金や人間関係ばかりではありません。
ある日、40代の女性が夫婦で東京のセミナーに参加してくださいました。多発性硬化症を患っているということで、その日は東京女子医大で点滴を打ったその足で、ご主人に車で送ってもらい、会場までいらっしゃいました。足をふらふらさせながら松葉杖をついて、なんとか歩いてこられたその姿を、今もよく覚えています。

2時間のセミナーを最後まで受けられるかどうかもわからない。それだけ身体の具合が悪い状態だったのですが、セミナーを受けていただいているうちに、ご主人も奥さんもみるみる顔色がよくなっていきました。

そして、奇跡は起こりました。

セミナーの最後、全員で写真撮影をしようとしたとき、なんと彼女が松葉杖を忘れて普通に歩いてきたのです。2時間のセミナーで「自分発振」を学んだだけで、身体の不調もどんどんよくなっていきました。

奇跡はそれだけにとどまりませんでした。じつは2か月後にも再びセミナーを受講しにきてくれたのですが、私は彼女を見ても、恥ずかしながらまったく気づきませんでした。あまりにも自然に歩いていて、顔つきもずっとステキになっていたからです。

ちなみに彼女はいま、個人事業主として独立し、足のケアをするお仕事をされています。足を悪くした経験を生かして、ひとりでも多くの人の「足の悩み」を解消する仕事をしたい、そう決意されたようです。

難病の多発性硬化症の彼女が、たった2時間でここまで変わるとは、さすがに私も予想していませんでしたが、それくらい私たちは自分発振のやり方次第で、自分の運命を変えることができるのです。

「プラスのトラウマ」を与えれば、学力も体力も急上昇する

私が開講していた「開華塾」は一見するとただの学習塾で、私は数学・理科・物理・化学を担当しています。

でも、彼らの成績を上げることだけを目標にしているわけではありません。難しい問題を解ける子どもを育てるのではなく、その子自身が生き生きすることを目標に授業をしています。

私のところには、数学で30点を取って「ダメな子」と烙印《らくいん》を押されたような子も来ます。でも、ダメなことにフォーカスするのではなくて、そこから1問でも解けるようになったら「すごいじゃん！」という波を私たち先生方からその子の身体のなかに入れてあげるようにしています。

これを私は「プラスのトラウマを与える」と呼んでいます。

私たちはなぜ頑張ってもうまくいかないのかというと、ネガティブなトラウマを抱えて

生きているからです。一般にトラウマとは「心理的外傷」と訳され、「一生引きずる心の傷」と形容されますが、ネガティブなトラウマを抱えていると、大人になって何かにチャレンジするときに、「どうせうまくいかない」「誰も聞いてくれない」という波を発振してしまいます。すると、日々の自分発振がネガティブなものとなり、プラスの未来を引き寄せることが一生できないままになってしまいます。

だからまず子どもたちには、「プラスのトラウマ」を与えます。

すると子どもたちは、そのプラスのトラウマを一生引きずるようになるので、どんどん勉強もできるようになり、その結果、望む未来を引き寄せるようになるのです。

Ｈちゃんは重い偏頭痛を抱えた女の子でした。

学校に行っても偏頭痛に襲われ、効かないとわかっている薬を飲んでは毎回吐くほどの痛みに襲われ早退していたといいます。

そんなHちゃんも、塾に来て以降、偏頭痛は軽くなり、学校生活も充実。どんどん輝き始め、10か月後に生徒会長に選ばれるまでになりました。

子どもは大人よりも「しがらみ」が少なく素直なぶん、効果が早く現れる傾向にあります。ポジティブな波で包んであげると、子ども自身がどんどんポジティブな波を発振するようになります。

学力を伸ばす前に、子どもたちが持つ「可能性の扉」を開いてあげる。そうすると、夢を持って自発的に勉強するようになるし、スポーツでもメキメキと実力をつけ始めます。

だからでしょう、私のもとには「野球がうまくなりたいんだけど、どうしたらいいかわからない」「県大会で優勝するにはどうすればいい?」という子どもたちがたくさんやってきます。**実際に空手の県大会で優勝した生徒もいるし、フェンシング日本代表選出や、レスリング東日本大会優勝を経験した生徒もいます。学力でいえば、模擬試験で偏差値84・9という数字を記録した生徒もいました。**

この「可能性の扉」も自分発振が関係しています。私たちが人生でうまくいかないのは、私たちが自ら発振している「波」をうまく扱えていないからです。うまく扱えないどころか、ほとんどの人が、「波」の存在を知らず、無意識に自分の波を「垂れ流している」状態です。

しかし、無意識の波というのは、多くのケースにおいて、さまざまなネガティブ感情を含んでいるので、発振される波は、いろいろ混ざった乱れた波となります。一方、「1つの願い」に集中し意識的に自分発振された波はとても美しく整っているイメージです。きれいな波を発振する人ほど、望む人生を引き寄せるのです。

えっ、魂の授業ってないの？

私たちが「波」を発振しているという考え方は、これまでも「波動」などという言葉で言われてきたことでもあります。しかし、それらの概念は今ひとつ不確かな印象があったことも確かです。

ではなぜ私が「波」の存在を強調し、自分発振することの重要性をお伝えするかというと、先ほど軽く触れた「科学」の部分が関わっています。

最近、とかく注目を集めている「量子力学」という学問があります。たとえば、これまでのスーパーコンピューターをはるかにしのぐ処理速度といわれる量子コンピューターも、この量子力学がベースになっています。

文系の人にとっては馴染《なじ》みのない学問なので、頭のなかに「?」が並ぶ人もいることでしょう。**この量子力学というのは、ひと言でいうと「ミクロの世界を分析する学問」です。**

私たちの身体をはじめ、地球上の物質は「原子」でできていると中学や高校で学びます。しかし、実際にはその下にはさらに小さい「陽子」「中性子」「素粒子」というものが存在しています。量子力学は、これら目に見えないミクロの世界を解明することによって、世の中の仕組みを解き明かす学問です。

ただここでは、自分発振という方法が、科学的な理論をベースにして「思い通りに夢を現実化する方法」だということをご理解いただければ十分です。

私はこの学問に出会ったときに、衝撃を覚えました。

私はそれまで、人生がどうなっていくのか、まったく先が見えないような状態にいました。心の病気を患い、ファミレスに行くのも怖いほどの対人恐怖症に陥り、自分は何をしてもうまくいかないし、私がいないほうが世の中はうまく回る、そう思ったことも何度もありました。とくに30代後半の数年間です。

でも、量子力学の視点を得たことで、うまくいかない理由がわかりました。**結局、私には、自分が望んだように「不幸な人生」が訪れていただけだということに気づいたのです。**


そもそも私は、いわゆるスピリチュアル一家の長男として生まれました。スピリチュアル一家というとやや大げさかもしれませんが、とかく「精神論」を重視する人たちに囲まれて育ってきました。

祖母は不治の病という宣告を受けながら回復するという奇跡を起こしたことをきっかけに、講師として、生き方を説く勉強会を自宅で開いていました。また、瞑想《めいそう》をいつも行っていました。瞑想は朝5時から6時までの1時間、1キロほど離れた神社で行うのですが、祖母は365日、毎日徒歩で通っていたほどです。私も1週間ほど通っていた時期がありました。

父は社長業のかたわら、日曜日には空手道場を開いていました。また、仏教を嗜《たしな》んでいた父の影響で私はお経を唱えることもあり、小さいころから「将来はお坊さんになるんだろうな」と思っていたくらいです。実際、小学校のときに発表した「将来の夢」でも、「先生になるか、お坊さんになるか」と私は言っていました。今は日常的に般若《はんにゃ》心経を唱え、ほぼ毎朝写経をしています。

両親の実家でもある静岡県・久遠寺のお坊さんがとても好きだったのを、今でもよく覚えています。

話はこれだけでは終わりません。

母もやはりスピリチュアルに傾倒していました。母がいつも言っていたこんな言葉があります。

「だいちゃんは、魂を成長させるために生まれてきたんだよ」

これを幼いころからずっと聞いて育ってきました。ことあるごとに「魂の成長」「潜在意識」ということを教えられてきたものですから、学校でも当然「魂」の授業があるのだろうと思っていました。

しかし、学校ではそんな授業はなく、「魂」の話をするクラスメイトはひとりもいません。「あ、魂って言葉、言っちゃいけないのかも……」と感じ、私は人とはちょっと違う特殊な環境で育っていたことに気づき始めました。

たとえば何か嫌なことがあったとき、普通の母親なら「それは大変だったね、かわいそうだね」と言ってなぐさめてくれたのかもしれません。しかし、私の場合は違いました。

「イラッとしたら神様のメッセージだよ、自分と向き合いなさい」

「あなたの潜在意識がそうさせているのよ。魂を成長させなさい」

このように言われてきました。

「悪いことは、全部オレのせいなの?」

そう考えたことは何度もありましたが、それが当たり前のことなのかと思っていました。しかし学校で友だちと話をしていても、まったく通じません。さらに当時、私も友だちも母が教える英語学習塾に通っており、その場でも「魂」の話などをするものですから、いつ友だちから「村松は怪しいやつ」と言われて嫌われるのかと不安になってしまいました。

そのため次第に、母が潜在意識の話をするのに嫌悪感を覚えるようになっていき、いつしか私は人前でスピリチュアルな話をすることを封印していったのです。

量子力学とスピリチュアルはとても近い

しかし、いくら「精神論」として片づける人がいたとしても、そこには正しい「真理」があるということはそれまでの経験から感じていました。そしてそれを知ることで人生が変わるだろう、ということも肌で感じるものはありました。

だからたくさんの人に知ってもらいたいし、それを伝える仕事をしたい。私はそう思うようになったのです。

ただ、それを「怪しい」ものではなく、科学的根拠や実体のあるものとして説明するだけの知識がまだありません。だから伝わらないんだということに目を向けるようになりました。

どうすれば、わかりやすく誰にでも精神や意識の話をすることができるのか。それを追究していく過程で出会ったのが量子力学だったのです。

量子力学の視点からスピリチュアルな現象を見ると、多くのことに説明がつくということが直観的にわかりました。**それは私がずっとスピリチュアルな家庭で育ち、私自身が実践して肌で感じているものがあるからこそ、直観したものでした。**

確かにスピリチュアルと量子力学の関連はこれまでまったくなかったわけではありません。しかし、「うまく説明できる人」はいませんでした。その理由は2つあります。

①量子力学でちゃんと説明できるほど、まだ知見が追いついていなかった
②量子力学とスピリチュアルの両方に詳しい人がいなかった

この2つがこれまでは満たされていませんでした。

しかし、①については、物理学者による研究も進み、その最先端の知見を私たちは知ることができるようになりました。ちなみに最初に量子力学の知見を広げたのは、かのアインシュタイン博士です。

ただ、量子力学の知見は誰でも理解できるものではありませんし、スピリチュアルに興味がない人にとっては、両者が強く結びつくこともありません。

幸い私はスピリチュアルな家庭で育ちながら東京大学工学部に進み、理科系の知識を身

につけてきたなかで量子力学に出会ったので、ピンとくるものがありました。もし私に物理の知識がなかったら量子力学の最新の知見を読み解くことはできませんし、育ってきた環境がなかったらやはり量子力学のことは理解できても、それらを「思い通りの人生を現実化する方法」と結びつけることなど、絶対にできませんでした。

ノーベル賞クラスの人が何と言っているのかを知りたくて勉学に打ち込んだ結果、今は科学を考え方のベースに置いて語ることができるようになったことを思うと、運命は本当に不思議なもので、改めて「思ったこと」は現実化できるんだなと思うばかりです。

私が、「誰でも自分発振によって望む人生を引き寄せることができる」と伝えられているのは、量子力学という科学をベースに私なりにアレンジされた「考え方」と、体験者が9万人まで広がり「人生がさらに良くなった！」という多くの「実績」があるからです。

決して難しいものではないし、これまで言われてきたことを否定するわけでもありません。むしろ、先人の知恵とは本当に素晴らしいもので、私が慣れ親しんできた考え方や法則は見事に「正しい」ものばかりでした。

たとえば、その代表格が「鏡の法則」や「引き寄せの法則」といえるでしょう。

「鏡の法則」も「引き寄せの法則」も量子力学で解明できる

私たちは、他人の言動に一喜一憂しがちです。

「なんでこんなことをするんだろう？」

「あの人は私にばかりつらくあたる」

そういう感情を抱いたことは、誰しも一度くらいはありますよね。

そんなとき、ついつい相手のせいにしてしまいたくなるものですが、なぜ相手がそんな反応を自分に向けるかというと、それは自分自身の心のなかにこそ原因がある。それを解説したのが、ベストセラーとなった『鏡の法則』（野口嘉則著・総合法令出版）です。

ストーリー仕立ての『鏡の法則』は、とてもわかりやすく世の中の仕組みを説明していました。じつはこの有名な「鏡の法則」も、量子力学の視点から見るととても理にかなっていることが解明されてきました。

鏡の法則では「相手は自分の心のあり方を写した鏡」などと説明されていましたが、これを量子力学で言い換えれば、「自分発振」の仕方によって相手の行動が変わるし、相手の行動は「自分発振」の結果である、ということです。

自分発振とは、**「意識や感情の波を飛ばすこと」**です。自分がどんな波を飛ばすかによって、その波を受け取った相手の行動も決まってきます。

「意識」も「感情」も目には見えませんが、じつは量子力学の世界ではちゃんとした「実体」として確認することができます。では、なんでできているかというと、**「フォトン（光子《こうし》）」**という素粒子です。このフォトンに意識や感情という情報を乗せて「波」となって飛ばしています。

ちょっと難しい話になってきましたね。詳しくは第2章で説明いたします。

たとえば、「できる！」と思っていると「できる！」という情報を乗せたフォトンが波として飛んでいきます。すると、その波に反応する人たちが現れます。どんな人が反応するかというと、同じように「できる！」という波を発振している人です。

この、同じ波を発振している人同士が反応し合うことを「共振」と呼びます。

「ダメだ！」と思っている人は「できる！」という波には反応しません。なぜなら波が異なり、「共振」しないからです。気づくことすらありません。

一方、「ダメだ！」と思っていると、「ダメだ！」と思っている人がその波に反応して「共振」します。だから目の前に現れる人や、一緒にいる人の感情も「ダメだ！」というものになり、それに沿った行動をとるため、ますますうまくいかない現実が訪れるのです。

このネガティブな波の共振現象が「鏡の法則」です。また、「できる！」という波に共振して、理想の現実を手に入れた場合など、ポジティブな波の共振現象を「引き寄せの法則」と言ったりすることもあります。

この波の共振はもちろん、自然の現象でも見られます。

たとえばグランドピアノの鍵盤《けんばん》の「ド」をたたくと、１オクターブ低い「ド」もかすかに響いてきます。これは同じ「ド」という波（厳密には波長が整数倍になっている波）が共振することによって響き合った結果です。

あなたに訪れている現実も、あなたの波に「共振」して引き寄せられた現実なのです。

宮本武蔵が教えてくれた「気」の錬り方

私が「自分発振」の重要性に気づいたのは、量子力学と出会ったことがきっかけでしたが、過去を振り返ってみると、「上手に自分発振する方法」を幾度となく練習してきたことに気づき驚きました。

私は今でこそ、塾講師やセミナー講師として活動していますが、空手を教えてくれた父の影響もあり、学生時代は厳しい空手部で育った「超体育会系」です。**昇段試験にも挑戦し、今では空手5段の有段者にもなりました。**その過程で、私は何度も「自分発振」の鍛錬を行っていたのです。

これはあくまでも私のイメージですが、空手の3段と4段には大きな差があります。3段までは各都道府県の所属団体などで取得することができます。ここまでは空手が「うまければ」取れるのですが、4段からはそれだけではなかなか取得することはできません。

昇段審査の場合は、空手の「形《かた》」を演武して審査してもらうのですが、とくに4段以上となると、**「錬《ね》られている」か「錬られていない」かという違いが合否を分けるポイントとなります。**

私の好きな剣豪・宮本武蔵が記した『五輪書《ごりんのしょ》』のなかに「千日《せんじつ》の稽古《けいこ》を鍛《たん》とし、万日《まんじつ》の稽古を錬《れん》とす」という言葉があります。千日は約3年、万日は約30年を表しますが、それだけくり返し鍛錬を積むと内側から錬られた「何か」が自然と出てくるようになる、そんな境地へと入ってくるということです。これはいくら技術的なレベルを極めても出てくるものではありません。

私も二度目にしてなんとか5段を取ったからこそわかったのですが、**5段になると「うまいかどうか」ではなくて、空手流にいえば、その人自身がどんな「気」を放っているかで、その人の空手の奥深さというものが瞬時にわかるものです。**

その「気」は長きにわたる鍛錬によって、自分の内側から発せられるものだからです。形を披露する際は、まずは正面に一礼をします。そして「観空大《かんくうだい》！」など形の名前を大きな声で発してから始めます。このとき、会場の注目をワッと一瞬で集める人と、まったく注目を集めない人がいますが、これはその人が「自分発振」によってどんな「気」を発しているかの違いです。

もちろん、会場の注目を集める人ほど、その「気」には凄《すさ》まじいエネルギーが宿り、審査にも合格していきますが、上段者にふさわしくない「自分発振」をしている人は、決して合格することはできません。

たとえば「合格したい」という「気」を発している人は、まず合格しません。私もそうでしたが、「合格したい」という気持ちは、応援してくれる人にいいところを見せたいという気持ちや、うまく形を見せようという欲など、さまざまに乱れた感情を波に乗せて自分発振してしまうからです。

そうではなく、自分が鍛錬してきたものを「ただ出すだけ」という気を発している人は、雑念がなく高い集中力を維持しているので、ひとつの大きな波として、より強い「気」を発しています。

いま思うと、それくらい空手というのは極めれば極めるほど、「自分発振」が問われる競技であり、それができた人ほど、有段者として認められる競技でした。

それを図らずも学生時代からやっていたというのは、不思議な縁といいますか、「偶然」のひと言では表しきれない縁を感じてなりません。

「向き合った瞬間」に勝てるかどうかが判断できる

もちろん、形を披露するときだけではなく、相手と対峙《たいじ》し、勝負する組手のときにも「自分発振」は大きく勝敗に影響を与えます。**その証拠に、空手の組手の試合では「向き合った瞬間」に勝てるか勝てないかがわかるのです。**

対峙すると、相手の気がひしひしと伝わってきます。

強い人の場合、密度の高い気に覆われて、一点の隙もなく踏み込む場所がありません。付け入る隙がないとはまさにこのこと。でも、強くない人の場合はその人を覆う「気」も薄く、ところどころ穴が空いているように感じられます。「隙間」が多いんです。

私は今、自分発振することの大切さを、小学生から90歳を超える高齢者の方まで、たくさんの人に伝えています。自分がどのような「波」を発しているかで、自分に起こり得る現象は変わってきます。

空手を25年以上続けた経験は、私自身が「自分発振」することの影響力を知る機会になるとともに、相手がどんな「自分発振」をしているかを瞬時に判断する力を養ってくれました。

だからこそ私は、訪ねてきてくださる方々が抱える悩みや問題を読み取り、どのように自分発振していけば状況を変えられるのかをアドバイスできるようになったのです。

仕事をしていれば、クレームを受けることがあると思います。私も例外ではありません。そんなとき、あなたはどうするでしょうか。

もし、ものすごい剣幕で怒ってきた人に対して、同じようにぶつかって対応すると、勝つときもあれば、負けるときもあります。いずれにせよ後味は悪いものになってしまいますよね。

でも、その人の背景をちゃんと理解し、「昔、お母さんとこうだったんだな」とか、「あっ、父親に怒鳴られて育ってきたんだな」などと気持ちをほぐしながら聞いていくと、5～15分、長くても30分で穏やかになっていきます。

それを相手のクレームに合わせて同じ波でこちらも返すと、2倍の大きさの波になって自分にはね返ってきてしまいます。それでは状況は悪化し、自分はさらに大変な目に遭ってしまうわけです。

相手の背景を理解しながら、「そうだね」「大丈夫だよ」という「発振」をする。すると、相手がその発振に触れることによって、クレームの波が変化していき、自分に返ってくるのもクレームではなく、「そうだね」という共感になってきます。


先ほど、「鏡の法則」「引き寄せの法則」はまさに自分発振の物語である、という話をしましたが、自分発振をするようになると、自分に起こるすべての現象は、まさに自分の内面を写した鏡だということがわかります。

他人が自分に及ぼすうれしいことも、悲しいことも、自分発振によって発せられたあなたの意識がそうさせています。

自分発振したことが、自分の状況をすべて決定づけているのです。

なぜ、ディズニーランドに行くと楽しい気分になるのか？

自分発振が影響を与えるのは、何も人だけではありません。

私たちが生活している、この「空間」にも大きな影響を与えます。私たちの目の前に広がっている空間について、考えたことがあるでしょうか。

この空間は、驚くほど「情報だらけ」です。

どういうことかというと、空間には何もないように見えて、さまざまな情報が飛び交っています。ラジオはラジオ波として、テレビはテレビ波として空間を飛び交って私たちの家庭に届けられます。また、携帯電話からは電磁波が、あなたのほっぺのすぐそばを飛び交っており、ときには体内を通り抜けながら、相手へと情報を届けています。

それくらい、空間には情報がぎっしり詰まっているのです。

「波」に乗せて情報を発振しているのは、テレビや携帯だけじゃありません。同じように

「意識」や「感情」も量子力学から見れば情報です。その情報は「波」として私たちの身体から空間に向けて「発振」されています。

もし同じ空間にいる人がみな、「わくわく」「楽しい」という波を発振していれば、その空間は「わくわく」「楽しい」という波で満たされます。**その代表的な存在がディズニーランドです。**

ディズニーランドの場合はみんなが「わくわく」「楽しい」という感情を発振しています。だからディズニーランド全体に「楽しい」という波が飛び交っています。ディズニーランドは「行くだけ」でも楽しいし、幸せな気持ちになれるのは、ここに理由があります。

ディズニーランドが好きな人であればあるほど、場の「楽しい」という波と共振することができるので、いっそう「楽しい」という感情を抱きやすくなります。

だからディズニーランドに行くときは、ディズニー好きの人と一緒に行くのがおすすめです。それが、いちばん楽しめる方法だからです。

同じように、結婚式に行くとみな幸せな気持ちになって「ああ、よかったなあ」と思います。これは、結婚式会場が「幸せ」という感情の波で満たされているので、そこにいるだけで、すごく幸せな気持ちになれるからです。

一方、神社であればみな「祈り」の感情を持ってやってきます。そのなかでもとくに強い「祈り」を放っているのが神主さんです。神主さんに至っては先祖代々、何百年と同じ神社という「空間」で祈りを重ねています。するとその神社の境内は、ミルフィーユのように祈りを何層も重ね合わせた場として形成されます。

神社の鳥居をくぐった瞬間に「空気」が変わる、スーッとする、神妙になる、心穏やかになる、そんな体験をしたことがあるのではないでしょうか。それは、祈りに満ちた空間があなたを包み込むことで起こる現象です。「パワースポット」がいま人気を集めていますが、パワースポットにはパワースポットになるだけの、確かな理由があるということです。

意識を向けたものの確率はすべて「1」に近づく

私たちは毎日、意識や感情を「波」という形で発振しながら生きています。

どんな「波」を発振しているかは、毎日の意識や感情次第で決まります。それをふだんは無意識に行っていますが、その無意識に発振した「波」がネガティブなものだと、その波に反応した人が自分の周りに集まり、ネガティブなものに反応した出来事ばかりが起こります。

でもそれは、自分発振の波を意識してコントロールできれば、私たちは望む通りの人生を「現実化」することができる、ということでもあります。

ポジティブなこともネガティブなことも含め、望む未来が現実化することを、量子力学では「物質化現象」と言います。

この物質化現象の仕組みを読み解けば、ちゃんと自分発振によって望んだ人生を「現実化」することができるのです。

私たちの人生の可能性というのは、目に見えないだけで、たくさんこの世界に存在しています。たとえばお医者さんになりたいと思っている人がいるとします。その人の将来の可能性というのは、「お医者さんになりたい」と思った瞬間に、次のようにさまざまな確率で、選択肢が存在しています。

①10年後に、なんとか医学部生になる　0・012（1・2%）
②10年後に、どこかでお医者さんになる　0・015（1・5%）
③15年後に、東京でお医者さんになる　0・005（0・5%）
④15年後に、アメリカでお医者さんになる　0・002（0・2%）
⑤15年後に、地元群馬でお医者さんになる　0・02（2%）
⑥お医者さんにならずに別の仕事をしている　0・03（3%）

こういったさまざまな可能性が無数に存在していて、その確率を全部足すと「1」（100%）になります。

このなかでどの可能性が選択されるかは、偶然によって決まるわけではありません。私たちのイメージや感情が、どの選択肢に向けられたか。**その向けられた数が多いほど現実化（物質化）の可能性が高まるようにできています。**

単純な話でいえば、地元で医者になっている姿を１００回イメージすると、そのぶん確率が高くなる、ということです。

だから、ひとつのことに集中して自分のイメージする将来像や「こうなりたい！」という感情の波をいつも発振していると、その選択肢の可能性が高くなり、限りなくそれが「1」に近づくことで、思い通りの将来を現実化させることができるようになります。

たとえば、④のように、「15年後には絶対にアメリカで医者になっている！」というイメージを持ち、「できる！」という感情を発振していれば、④が訪れる可能性が一気に高まります。しかし、「いつか医者になれたらいいな」と思っているくらいの人ならば、①～⑤のどの選択肢も同じような確率となり、⑥の「医者になれない」と比べても変わらない状態になってしまいます。

「医者になれないのではないか」という不安が大きくなればなるほど、そこに意識が向くので、その確率が限りなく「1」に近づきます。そうならないためには、「できない」という意識を外さなければいけません。
それが自分発振をするときの最初のステップです。

「私は大丈夫です、ちゃんと夢を紙に書いて『できる』と思っています」

ときどき、そのように言われることがあるのですが、これは要注意です。実際に望んだ未来が現実化していない場合、それは潜在意識で「できない」と思っていることがほとんどだからです。

そこに気づかないと、人生は絶対に好転していきません。

どれだけ「できる、大丈夫！」と口ずさんでも、潜在意識で「本当に大丈夫かな」「失敗するかも」と思っていると、その波を自分発振してしまいます。だからまずは潜在意識レベルで自分の意識を変えていくことが大事です。

本書では、潜在意識レベルから意識をポジティブに変えることで、どんどん物質化現象を起こし、望む人生を現実化する方法をお伝えします。

その方法はまとめると次の2つです。

①「自分と自分自身との関係」をよくすること
②「相手と自分との関係」をよくすること

①については第3章で、②については第4章でその方法をお伝えしたいと思います。
また、次の第2章では、より自分発振の「基礎力」を高めるべく、自分発振のメカニズムについて簡単にお伝えしたいと思います。量子力学の知識も含むので、難しいと感じた人は、読み飛ばして第3章以降から読んでいただいても構いません。

そのあとで、興味を持っていただいたら、そのときは改めて第2章に目を通してもらえればと思います。

私たちは毎日、自分発振をくり返しています。

それを知るだけでも、どんな波を発振するか、その質は変わっていきます。さらに本書の内容を実践していただき、自分発振を上手に活用できるようになれば、お金の悩みも、仕事の悩みも、人間関係の悩みも、身体の悩みも、人生の悩みもすべて解決していきます。

さあ、いよいよ次章からは、自分発振のさらに〝濃い話〟をしていきます。きっと驚くような内容もたくさんあると思います。

思い通りの人生を現実化する一歩を、ここから踏み出してください。

第2章

高いヘルツの波を起こして「次元上昇」する

ミクロの世界に流れる「不思議」な法則

「スピリチュアルと量子力学はすごく近いんです！」

そんな話をすると、目を丸くされることがよくあります。でも、2時間のセミナーが終わったころにはそんな人たちが、目をキラキラ輝かせて量子力学の話をしています。「量子力学」というとなんだか難しい印象がありますが、私たちの身近なことから宇宙のこと、この世の仕組みまで教えてくれる、とても面白い世界です。

その意味で、量子力学というのは私にとっては夢をかなえるための「説明書」のようなものだと思っています。だから「お勉強」だと思って構える必要はありません。これからする「説明書」の話は、塾で小学生にも教えている内容がベースになっています。

本章では、そんな量子力学をもとに自分発振のメカニズムをお伝えしたいと思います。それを知ることで、より自分発振のイメージを具体的にすることができるので、知らないよりも強く現実を引き寄せることができるようになるでしょう。

また、同時にこの世の仕組みを知ることもでき、今よりもっと生きやすくなるはずです。


そもそも量子力学とは、「ミクロの世界」の学問です。

では、「量子」とは何かというと、「とても小さな存在」だと思ってください。世の中の物質はすべて「原子」でできていますが、その原子は「陽子」や「中性子」、さらに小さな「素粒子」と呼ばれるもので構成されています。

この、原子よりもっと小さい物質の最小単位が量子であり、量子力学といわれる学問です。よく古典物理学と何が違うのか、という質問があるのですが、物質レベルの大きな世界の法則を見つけるのが古典物理学で、分子・原子から小さな世界の法則を見つけるのが量子力学だと思ってください。


なぜ、わざわざ分けているかというと、量子の世界では、私たちの「大きな世界」の物理法則は通用せず、まったく異なった法則が働いているからです。

同じ世界に存在しているはずなのに、私たちに働いている時間やエネルギーといった物

図１　私たちを構成する「大きな世界」と「小さな世界」

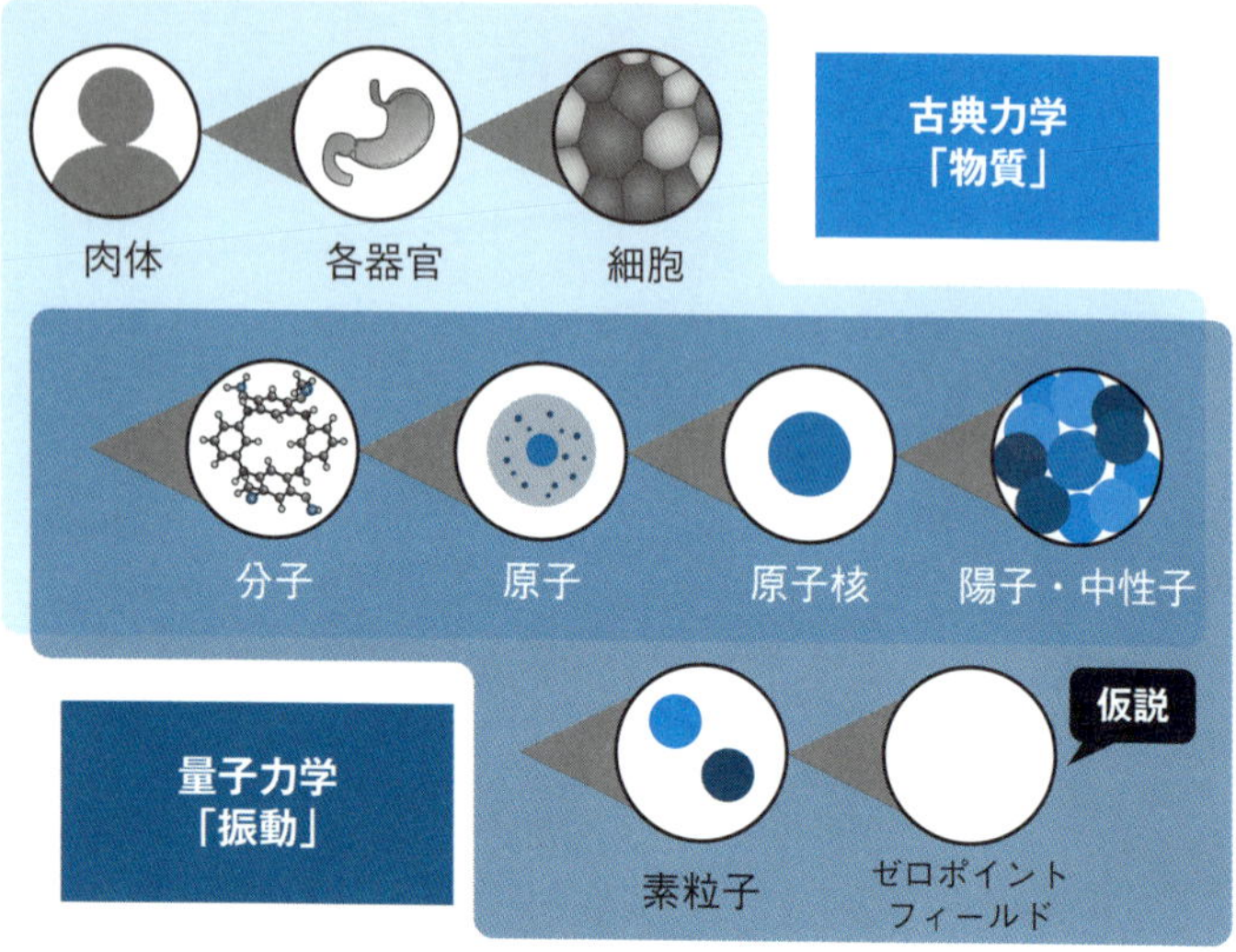

理法則が、私たちを構成するはずの量子の世界ではまったく通用しないのは、本当に不思議な話です。

しかし、私たちの世界で「奇跡」だといわれていた現象や、「確かにあるらしい」と思われていた現象は、その「不思議」な世界の法則を当てはめると、見事に説明がつくことばかりだったのです。

では、そんな量子力学の世界には、具体的にどんな法則があるのかをお伝えしていきましょう。

量子力学の不思議な法則❶

目に見える世界と、目に見えないミクロの世界では、違う法則が流れている。

「波」には情報を大量に自由に乗せられる

「小さな世界」の不思議な法則において、とくに重要なのは「素粒子」です。

私たちの身体も、水や空気も、動物や植物や鉱物も、世の中のありとあらゆるものは素粒子でできています。

その素粒子には、さらにいくつか種類があるのですが、**そのなかでも、光を構成する「光子《こうし》（フォトン）」は最重要ワードですので、ぜひ覚えておいてください。**フォトンのことは、高校の物理学の教科書にも書かれているので、知っている方もいるでしょう。

ではなぜこのフォトンが重要かというと、私たちの「意識」も「感情」も、目に見えないだけで、その正体はすべてフォトンだと研究レベルで考えられているからです。

ですから、フォトンの特徴を知れば、私たちの意識や感情がどのような性質を持っていて、どのように私たちや人生に影響を与えるのかを知ることができるということです。

フォトンにはどのような特徴があるのか、大きく分けると次の3つです。

①粒であり、波である
②時間の概念がない
③別々の場所に同時に存在する

さて、いかがでしょうか。

もし「わけがわからない」と思ったのであれば、それが正解です。この3つの特徴はどれも私たちの「大きな世界」の物理法則とは矛盾するものだからです。

まずは、最も重要な「①粒であり、波である」ということから説明いたしましょう。


フォトンには「粒と波」という2つの性質があります。厳密には「ピンポイントの場の揺れ」であり「粒」ではないのですが、詳細は割愛します。おそらく、「粒」であるというイメージは難しくないと思います。フォトンという丸い粒の物質が存在しているということです。ただ、それが「波」という性質を持っているということが重要です。

私たちは、意識や感情を「波」として自分発振している、という話をしてきましたが、これは意識や感情の正体がフォトンだからであり、そのフォトンが「波」という性質を持っているからといえます。

波という性質を理解するために、もうちょっと別の表現に置き換えてみましょう。

「フォトンはそれぞれの『周波数』を持っている」

少しはわかりやすくなったでしょうか。

周波数というのは、テレビやラジオ、携帯電話などでよく耳にするもので、波の種類を決定づけるものです。同じ波でも周波数が違うことで「赤外線」「紫外線」「X線」など、違う種類の「波」となります。

赤外線も紫外線も、「粒」のように思われながら、周波数によってその性質を変えている。これがフォトンなのです。

そしてこの波の最大の特徴は、「情報」を大量に乗せることができる、という点にあります。

たとえば、テレビ局にはそれぞれ固有の周波数が割り当てられ、その周波数の波に「映

図２　周波数の高さによって異なる「波」の種類

周波数	分類	利用例
高	※意識・感情	自分発振
3×10^{20}Hz	ガンマ線	
3×10^{19}Hz		
3×10^{18}Hz	X線	レントゲン写真
3×10^{17}Hz		
3×10^{16}Hz	紫外線	殺　菌
3×10^{15}Hz	可視光線	光学機器
3×10^{14}Hz		
3×10^{13}Hz	赤外線	リモコン
3×10^{12}Hz	サブミリ波	光通信
300GHz	ミリ波	衛星通信・レーダー
30GHz	センチ波	電子レンジ・携帯電話
3GHz	極超短波	TV・警察・救急・消防
300MHz	超短波	FM放送
30MHz	短波	無　線
3MHz	中波	AM放送
300kHz	長波	船舶・航空機通信
低		

※ただし、まだ意識・感情の周波数は測定できないとされています。

像」という情報を乗せて各家庭に番組を届けています。ラジオであれば、ラジオ各局に割り当てられた周波数の波に「音」という情報を乗せて、全国に番組を送っています。

また、携帯電話も同じです。

携帯電話のメールや通話も、電波に乗せて文字データや音声を届けています。アプリもパソコンもカーナビも、すべて周波数の異なる「波」に乗せて情報を届けています。

それと同じように、私たちが意識したこと、感じたことも情報としてフォトンに乗り、自分を中心にして飛び交っています。

ですから目に見えないだけで、私たちの周囲にはフォトンに乗せられた情報の波が、それこそ何重にも飛び交っているのです。

量子力学の不思議な法則②

意識も感情もフォトンでできている。そのフォトンは波という性質があるため、情報を乗せて発振することができる。

ポジティブな自分発振ほど、高い周波数を持っている

テレビや携帯電話の情報は、それぞれ異なる周波数の波に乗って相手に届けられます。それと同様に、私たちが自分発振している意識や感情の波は、その内容によって違う周波数を帯びています。

たとえば、「うれしい」という感情を抱いた場合と「くやしい」という感情を抱いた場合では、それぞれ「うれしいフォトン」「くやしいフォトン」が自分発振によって飛んでいきますが、波の周波数はまったく違ったものになります。

周波数の単位は「ヘルツ」で表しますが、「うれしいフォトン」は5万ヘルツ、「くやしいフォトン」は500ヘルツといった具合に、その周波数の高さは異なってきます（数字はあくまでたとえば、です）。**大きく分けると、ネガティブな自分発振ほど低いヘルツの波を、ポジティブな自分発振ほど高いヘルツの波を放出します。**

そのため、いつもネガティブな感情を抱えている人は、その人自身が低いヘルツの世界

図3　自分が持つ「ヘルツ」の高さによって異なる世界

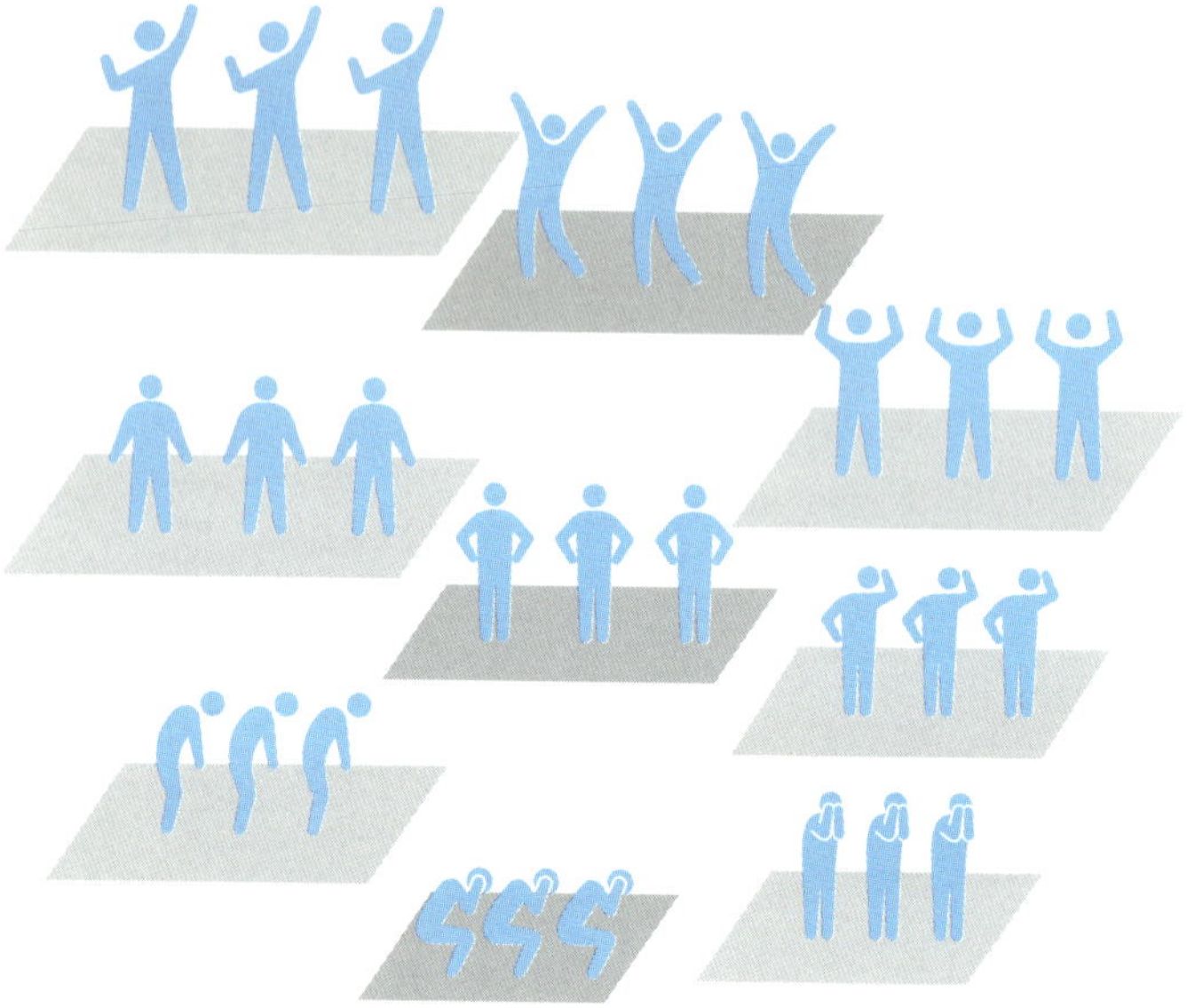

に生きていることになり、いつもポジティブな感情を持っている人はその人自身がヘルツの高い世界で生きていることになるのです。

じつはこの時点で、私たちは自分発振の違いによって別々の世界を生きていることになります。一見すると、同じ世界にいるのですが、量子力学の世界ではその人が持っているヘルツの高さが違うと、それは違う世界です。

ちょうど、テレビ局が同じように映像を波で発振しながら、ヘルツが異なる世界に存在しているのと同じです。それぞれのテレビ局が流した映像は、決して別のチャンネルでは放送されません。あくまで、そのテレビ局が持つヘルツの世界にしか届きません。ラジオも同じように周波数帯によって放送局が分かれていま す。しかも、あなたの家の周りや中にも、テレビ局やラジオ局の周波数は混ざって存在しています。そこから1つだけを選んで、あなたは見たり聞いたりしています。

それと同じように、**私たちの周りにはいろいろな感情が存在しているけれど、自分たちの持つヘルツの高さによって、じつは生きている世界が異なっているのです。**

図3のようなイメージです。

先ほど、「鏡の法則」「引き寄せの法則」の話に触れましたが、ポジティブな自分発振をしている人は、そもそも高いヘルツの世界に存在する人としか共振しません。「運がいい人は、運がいい人を連れてくる」「類は友を呼ぶ」などと言いますが、自分発振する「ヘルツの高さ」によって生きている世界が異なるから、当然のことなのです。

量子力学の不思議な法則❸

ポジティブな自分発振からは高いヘルツの波が生まれ、ネガティブな自分発振からは低いヘルツの波が生まれる。それが、自分自身が生きている「ヘルツの世界」を決める。

キリストの「オーラ圏内」は2キロ先にまで及んでいた

では、私たちの自分発振が影響を及ぼす範囲はどのくらいなのでしょうか。

私たちはフォトンを飛ばして自分発振しますが、その自分発振の影響力は一定ではありません。次の2つの要素で決まります。

・ヘルツの高さ
・放出するフォトンの量

自分発振が影響力を及ぼす範囲のことを、量子力学では「電磁場（フィールド）」といいます。まだ科学的に実証されているわけではありませんが、何も意識していなければだいたい1・5～2メートルが「フィールド」の範囲といわれています。私はこれを**「オーラ圏内」**と呼んでいますが、その人の「生命エネルギー」がおよぶ範囲がいわゆるオーラを感じるといわれる1・5~2メートルの範囲です。

高いヘルツになるほど、この「オーラ圏内」は拡大して、その影響力は強くなっていき、低いヘルツになるほど「オーラ圏内」は縮小していきます。**つまり、ポジティブな願いや感情ほど、より広く遠い世界にその思いが届きやすくなるということです。**

たとえば、被災地を応援したいという気持ちを自分発振すると、その気持ちが想像以上に広がって、いろんな人とのつながりをもたらしてくれることがあります。しかし、私利私欲の願いをどれだけ自分発振しても、その思いは広がっていきません。

これは、ポジティブな願いほど高いヘルツのフォトンが飛び、より遠くに広がる性質を持っている典型的な例といっていいでしょう。

一説によれば、イエス・キリストの場合、「オーラ圏内」の範囲は2キロにも及んでいたといいます。

本当のところはわかりませんが、つねに高いヘルツで自分発振し続けたキリストであれば、決して大げさな話ではないかもしれません。実際、キリストの説いた「隣人愛」の精神は、もっとも高いヘルツのひとつであり、影響力の大きい自分発振であることは間違いありません。

ひとつだけ、注意しなければいけないことがあります。

それは、ネガティブな自分発振は影響力が及ぶ範囲が狭いだけで、その狭い範囲内で大きな影響を及ぼしてしまう、ということです。「どうせダメでしょ」「あいつムカつく」「悲しい」「死にたい」といった、ネガティブな感情を抱いていると、それが自分発振となって周囲の人に強い影響を及ぼしてしまいます。

高いヘルツの自分発振は、遠くの範囲に多く影響を及ぼすため、近い範囲では、ネガティブな自分発振ほどには強い影響力がありません。ところが、低いヘルツの自分発振は違います。目の前の人が「イライラ」や「悲しみ」をぶつけてくると、周りがそのフォトンに影響され、場の雰囲気も一気に暗くなってしまうのです。

イライラした人が部屋に入ってくると「場の空気」が変わるのを感じたことはないでしょうか。もしくは、悲しみを抱えている人が近づくと、空気が重たくなるのを感じたことはないでしょうか。

それはネガティブな自分発振ほど、狭い範囲に強い影響力を持っている証拠です。私たちはじつは目に見えないだけで、ふだんからネガティブな自分発振を感じ取っています。

ただし、必ずしもネガティブな自分発振が周囲を支配するわけではありません。**なぜなら、自分発振の影響力は、もうひとつの要素でもある、フォトンの量によっても決まるからです。**

私たちは、日中仕事をしていても、「集中しよう！」「お客さんに喜んでもらおう」「疲れた」「お腹すいた」「LINEメッセージが」「帰りの買い物どうしよう」といろいろ考えています。量子のレベルでこれを見ていると、バラバラな種類のフォトンの自分発振をしていることになります。もし仮に、1秒間で１００万粒のフォトンを飛ばしていたとします（数字は仮であって、本来はもっと多いですが）。

せっかく「お客さんに喜んでもらおう」という思いがあっても、違うことを考えていると、本来出したいフォトンがその瞬間は飛んでいません。周りに与える影響力が少ない状態です。

しかし、他のいろんな思いを除外し、「お客さんに喜んでもらおう」という1つのことに1時間集中していた時、１００万粒×60秒×60分＝36億粒、「お客さんに喜んでもらおう」というフォトンを自分発振として飛ばし、現実に影響を与えます。

みなさんの周りに、「この人影響力高いな！」という人がいるのではないでしょうか？

その方は「1種のフォトン」だけを「長時間」出し続けている人です。

これは極端な例かもしれませんが、アドルフ・ヒトラーによってどうしてあれだけの虐殺が行われたかというと、ヘルツは低くても大勢の兵を従え、フォトンが大量に放出されていたからです。ユダヤ教の僧侶（ラビ）が高いヘルツで平和を願っても、量で圧倒されると、それが届かなくなってしまいます。

自分発振の影響力はまず、高いヘルツで広いフィールドに及ぶかどうかで決まります。

そして、その広いフィールドでたくさんの量のフォトンを自分発振するかどうかは、この2つの条件によって決まるのです。

量子力学の不思議な法則❹

自分発振の影響力は、「ヘルツの高さ」と「フォトンの量」で決まる！

過去も未来も、あなたが思えば変えられる

これまでは、フォトンのひとつ目の特徴である「粒であり、波である」という性質についてお話ししてきました。とくに、波という特徴を持っているからこそ、私たちの願いも感情もすべて、自分発振されていきます。

次は、２つ目の特徴、

②時間の概念がない

こちらについてお伝えしたいと思います。

これも私たち「大きな世界」では信じられないような話かもしれませんが、「ミクロの世界」では、時間が「過去↓現在↓未来」へと一定の方向に流れていく、という法則は存在しません。

それゆえに、時間の概念はなく「過去の出来事を変えられる」ということもわかっています。昨日の次が今日、今日の次が明日。一見、当たり前のようですが、じつはアインシュタイン博士も「そんなの幻だ！」と言い放っています。

どういうことかゆっくり説明していきますね。

たとえば私たちの脳では、量子力学の法則が働いています。そのため、「昨日のカレーおいしかったな」と過去のことを思い出したり、「明日からは待ちに待った3連休だ」と未来のことを想像したりすることができます。これは、脳のなかでは過去にも未来にも瞬時に「移動」できる、ということです。

そして思い出した過去や想像した未来は、5分後も同じものとは限りません。

5分後には5分後の「私」から見た過去や未来があって、それは必ずしも「いまの私」が見ている過去や未来とは同じではないからです。もしかしたら「昨日のカレーちょっと辛かった」となっているかもしれません。これはもう、過去が変わっているわけです。

「いまの私」からしか過去や未来は決定することができない。つまり、時間という概念はすべて「いま」に畳み込まれていて、「いま」が変われば、過去も未来も対応して変わる

と、きっと新たな発見があると思います。

これ以上の説明は複雑になるので割愛しますが、興味がある方はもっと深く調べてみると、きっと新たな発見があると思います。

ということです。

ところで、あなたは兄弟やお友だち、お母さん、同僚やパートナーとケンカをしたことがあるでしょうか。私は5人兄弟で、兄弟5人とも父が教える空手を習っていました。小学校高学年ともなると、前蹴《まえげ》りや廻《まわ》し蹴りなどを習得しています。基本的には兄弟すごく仲がいいのですが、ケンカとなると、それはそれは大変なことになっていました。

そんななか、私が姉と昨日ケンカをしたとします。

昨日ケンカをしたので、今は「やだな～」という気持ちです。そのまま仲直りしないと、今日も「なんか会うのやだな～、学校一緒に行くのやだな～」と思ってしまいます。そのまま仲直りしないと、明日も明後日も「一緒に夕ごはん食べるのも嫌だ！」「家で顔も見たくない！」となります。でも今日、姉が「ごめん、あのときはついイラッとして、当たっちゃったみたい……。ごめんね、私が悪かったよ」と言ってくれました。

すると私のなかでも、「あ、そういうことだったんだ」と理解して、「やだな」という感情が一転して「よかった〜!」に変わります。昨日まで持っていた「やだな〜」も「よかった〜!」に変わって、「これで明日からもまた一緒に学校行けるし、顔を合わせても大丈夫」と、未来も「よかった〜!」という感覚に変わります。

これが、「『いま』が変わって過去も未来も変わった瞬間」です。私たちはいつでも、過去や未来を変えられます。量子力学の世界では、時間は一定の方向に向かって流れていないのです。ちょっと話が難しくなってきましたね。

2014年に公開され日本でも話題となった「インターステラー」という映画がありました。のちにノーベル物理学賞を受賞したキップ・ソーン氏が製作総指揮を務めるなど、最新の科学をふんだんに取り入れたSF映画ですが、時間の概念についても考えさせられる映画です。こちらは一般相対性理論ですが、楽しみながら学べると思います。

量子力学の不思議な法則⑤

「いま」を変えれば、過去も未来も変えられる!

パラレルワールドを「移動」しながら生きよう

ＳＦ小説やマンガなどで、「パラレルワールド」が舞台になっていることがあります。

パラレルワールドとは、「並行世界」のことで、私たちの世界と同時に存在している別世界のことを言います。

フォトンが持つ３つ目の特徴は、まさにこれに関連しています。

③別々の場所に同時に存在する

最後に、この特徴についてお伝えしたいと思います。

ミクロの世界、つまり量子力学の世界では、フォトンなどの素粒子は別々の場所に同時に存在しています。つまり、Ａという地点にいながら、Ｂという地点にも同時に存在していて、私たちが素粒子を「観察」したときに初めて、ＡかＢのどちらかに姿を現します。

もし詳しく知りたいという人は、これも有名な実験である「シュレーディンガーの猫」を調べてみてください。

先ほど、高いヘルツの自分発振をしている人は、高いヘルツの世界にいる、と言いましたが、**じつは私たちが生きる世界はフォトンと同様、さまざまなパラレルワールドが「同時に」なおかつ「無数に」存在しています。**そしてフォトンが「観察」されることで存在する場所がさまざまに確定するように、**私たちは自分発振によって生み出すヘルツに応じて、そのパラレルワールドを行ったり来たりしています。**

たとえば、「ありがとうフォトン」を発振している人であれば、「ありがとう」のヘルツの世界に存在していますが、なんらかのきっかけでネガティブな思考にとらわれると「どうせダメだろう」というヘルツの世界に「移動」してしまいます。

この2つの世界はまったく同じではなく、似て非なるパラレルワールドです。同じようでいて、少しずつ違う「過去・現在・未来」が存在しています。私たちはこの無数に存在するパラレルワールドを移動しているからこそ、「いま」を変えることで「過去や未来」を変えることができるのです。

図4　「いま」のヘルツに沿って無数に存在するパラレルワールド

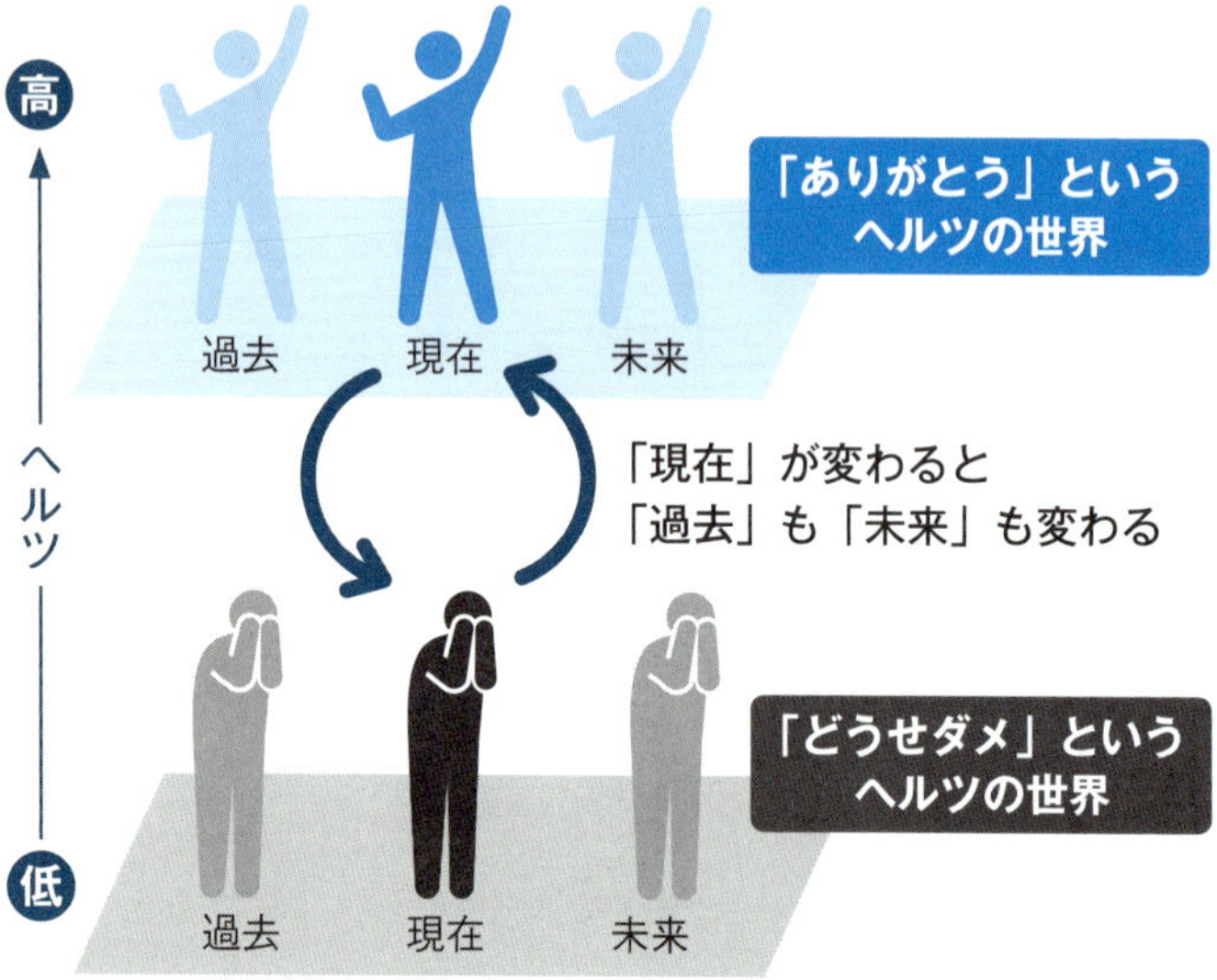

その意味では先述の「時間の概念がない」という特徴と、この3つ目の特徴はおたがいに関連しているといえます。

先ほど、私の兄弟ゲンカの話をしましたが、「嫌だなあ」という周波数から、「いいよ〜」「よかった」という周波数に変わった瞬間に、違った「過去」と「未来」が含まれる世界に移動します。長年、不仲だった人間関係が急に仲良しになることがありますが、これは、世界そのものが変わるからです。

このように別のパラレルワールドに

移動する生き方は、まさに「奇跡が起こる生き方」です。自分の周波数をどんどん変える生き方といってもいいでしょう。

「いま」の自分が、何を発振するかによって世界は大きく変えられるし、発振の仕方を変えるだけで、奇跡は誰だって起こせるのです。

量子力学の不思議な法則❻

この世界には、パラレルワールドが「同時」に、「無数」に存在する。

高いヘルツで自分発振して、「次元上昇」を目指しなさい

ただし、自分の周波数をどのように変えてもいいというわけではありません。

なぜなら、これまでも述べてきたようにポジティブな自分発振ほど高いヘルツに、ネガティブな自分発振ほど低いヘルツになるからです。今よりも低い自分発振をすると「悪い奇跡が起こる生き方」になってしまいます。

ですから、自分発振によって起こす周波数をどんどん「高く」しないと意味がありません。**自分発振で最も大切なことは、ヘルツの高い自分発振をしていく、ということです。**

私は自分発振のヘルツを高めていくことを**「次元上昇」**と呼んでいます。

私たちの世界は3次元ですが、自分発振がどんどん高いヘルツでできるようになると、**「奇跡」を当たり前のように起こせるようになります。**それは3次元の法則を超えた世界にいるといってもよいかもしれません。

また、次元上昇するたびに、そのパラレルワールドの世界において自分発振が影響を与

える「フィールド」は、どんどん拡大していきます。高いヘルツの波ほど、エネルギーが高いゆえに遠くに飛ぶ性質があるからです。

パラレルワールドが無数に存在する世界だからこそ、私たちはよりよいパラレルワールドを選択して次元上昇していくことができます。

高い次元に上昇するほど、拡大したフィールドで共振する人もたくさん現れます。そして次元上昇するほど、影響力も拡大して望む人生の現実化が起こりやすくなるのです。

本章では、難しい話もあったと思いますが、すべてはこの「次元上昇」することの重要性を伝えるためだったといっても過言ではありません。

望む人生を現実化するためには、少しずつでもいいので、ヘルツの高い自分発振をして次元上昇していくことが大切です。

最後にもう一度だけ、フォトンの3つの特徴をおさらいしてみましょう。

①粒であり、波である
②時間の概念がない

③別々の場所に同時に存在する

これの特徴はそれぞれ、自分発振で思い通りの人生を「現実化」する仕組みに欠かせない要因となっていました。

①粒であり、波である　↓　だから、望みや感情が情報として発振されている
②時間の概念がない　↓　だから、過去も未来も変えられる
③別々の場所に同時に存在する　↓　だから、次元上昇ができる

私たちは普段、何気なく目に見える「大きな世界」で生きていますが、ちょっと意識を「量子力学」の世界にも向けることで、たくさんの信じられない経験をすることができるのです。

次の第3章からは、自分発振のヘルツを高め、上手に次元上昇するための方法をお伝えしていきましょう。

メカニズムは難しい部分もあったと思いますが、実践する方法はごくごくシンプルです。ここまできたら、最後まで読んでいただき、必ず望む人生を現実化してほしいと思います。

量子力学の不思議な法則⑦

高いヘルツの自分発振をすることで、望む人生が現実化する「パラレルワールド」へと移動することができる。

第3章

潜在意識レベルで自分の全部を好きになる

高1でお母さんの死を乗り越え、大学に合格したYくん

私のもとにある日、高校1年生のYくんから、「しばらく塾を休みます」という連絡が入りました。

詳しく話を聞いてみると、なんと、お母さんが末期がんで亡くなったというのです。

それから3か月間ほど経《た》ったものの、Yくんは授業で教わった内容が頭に入っていかないようで、翌週にはほとんど忘れてしまう状況でした。

もちろん、多感な時期に母親を失うショックは相当なものがあったことでしょう。学校や目の前のことに力が入らないのも当然といえば当然のことです。ただ、それでもYくんの心理的状態を少しでもよくできればと思い、その日の最後の授業で、Yくんのこととは関係ないかのように、こんな話をしました。

「集合意識層ではみんなが全部つながっていて、亡くなった人もちゃんとそこで自分たち

とはつながっているんだよ。だから、おじいちゃんとかおばあちゃんとか、自分が大好きだった人は、亡くなったあとも、ちゃんとそこから見てくれてるんだよ。自分が頑張ってる姿をね、ずっと応援してくれてるんだ」

どうやら、Yくんはその話が心にストンと落ちたようです。しばらくしてから「最近どう?」と聞いてみました。すると、どう答えたと思いますか?

「あの話聞いていてよかったです。夢に母が出てくるんです。だから、応援してくれてるってすごく感じるんです」

そんなふうに語ってくれたYくんに、思わず涙があふれました。彼は「いま」を変えることができたのです。Yくんならもう大丈夫、私は心からそう思うことができました。

その後、Yくんは高校3年生になり、大学受験の時期を迎えました。

学校の先生からは、「志望校には絶対に受からない」と言われていたのですが、「絶対にやり抜く」とイメージして、最後までそれがブレることはありませんでした。

そして、見事に志望校に一発合格したのです。

自分が「こうなりたい」というイメージを持ち、自分を肯定する感情が生まれたことで、「私は大丈夫」「私はできる」という自分発振をYくんはしていました。

だから、高いヘルツの世界へと次元上昇が起こり、Yくんは夢を現実化して志望校に合格したのです。


この話で大切なのは、Yくんはまず、自分の感情を変えたということです。

高い次元の世界へと上昇するには、次の手順で自分発振の波を高めていくことが大切です。

自分発振のヘルツを高める3ステップ

①自己肯定感を高める
②過去の封印を解いて受け入れる
③相手に寄り添い共感する

どんなに幸せな未来を願っても、自分自身の潜在意識にある感情がネガティブだと低いヘルツの自分発振となるため、引き寄せるのは不幸せな未来ばかりです。

上手に自分発振をするには、まず自分の感情をポジティブにすることが第一です。**ひと言でいえば、自己肯定感を高くするということ。**すべてはここから始まるといっても過言ではありません。

というのも、心の奥では自分のことを否定してしまっている人が多いからです。ふだんは表に出ることがないけれど、過去のなんらかの出来事がきっかけとなって、潜在意識下では自分を否定してしまっているのです。

自分発振において少々やっかいなのは、口でどれだけ「私はできる！」と唱えても、潜在意識で「どうせダメなんでしょ」と思っていると、潜在意識が優先されてフォトンが飛んでしまうということです。

これは非常に重要なポイントです。

これまでの「願いをかなえる方法」のなかには、「何度も口にすれば願いがかなう」などというものもありました。もしそれで、潜在意識まで変わるようなら確かに願いはかなうようになるのですが、ただ唱えるだけで潜在意識が変わらないのだとしたら、まったく効果はありません。

でも、だからといって失望することはありません。大丈夫です。

潜在意識を変えるのは、それほど難しくないからです。

自分に向き合って数週間のワークをやれば、誰でも高いヘルツで自分発振できるようになります。

自分のことを好きになり、他者もあなたを好きになります。するとどんどん他者から見たあなたの評価は上がります。いいことがとめどなく起こり始めます。

本章では、そんな自分との向き合い方や、具体的な方法についてお話ししたいと思います。

「相手と自分」ではなく、「自分と自分」の関係を見直しなさい

自分発振をして次元上昇するための第一歩は、自分自身を大事にすることです。そのため、セミナーやワークでも、まずは自分を見直すことから始めます。ただし、注意点がひとつあります。

それは、「相手と自分との関係」ではなく、「自分と自分自身との関係」を見つめる、ということです。

まずは簡単に、この2つのアプローチがどう違うのかを説明しましょう。

・相手と自分との関係
人に対して自分はどうありたいか、そして相手は私自身をどのように扱っているのか。

・自分と自分自身との関係
自分は、「私自身」をどのように扱っているのか。

前者はより顕在的な自分自身のあり方を、後者はより潜在的な自分自身のあり方を知ることができます。

「自分を見つめてくださいね」という話をすると、ほとんどの人は「相手と自分との関係」を見つめようとします。もちろんそれは自然なことです。他者が今の自分をどう扱っているのか、その現象をまず客観的に見る方法としては間違っているわけではありません。

でも、残念ながらそれでは自己肯定感が高くなることはありません。なぜなら、「潜在的に否定している自分自身」には出会うことができないからです。そうなると、低い次元での自分発振しかできないままの状態になってしまいます。

数年前の私は、まさにこの状態に陥り、苦しんでいました。

うまくいかないことだらけの会社員時代

何もできないまま、自分を取り巻く状況がどんどん悪くなる――。

それを改善しようと頑張っているのに、ちっとも改善される気配がない。それがどうしてなのかもわからない。過去にそれを痛いほど体験したことがありました。

話は会社員時代にさかのぼります。

私は大学卒業後、父の経営する会社に就職しました。内定をいただいていた企業があったので、そちらに就職しようと思っていたのですが、卒業式の日にかかってきた1本の電話で、私の運命が変わりました。

それは、父からの電話でした。

なんでもその日、工場長クラスの人が父に辞めるという話をしたようで、それで大慌てで私のところに電話をかけてきたのです。工場長が辞めると、ほかの社員も辞める可能性がある。そうなると人材が不足する。だから私に戻ってきてくれないか、という連絡でした。

最初は断ったのですが、実家に戻って父をはじめ役員で話し合いをした結果、「父に育ててもらった恩もあるし」と思い、実家を手伝うことに決めました。

その判断が後々、大きな問題を起こすとは、そのときは夢にも思いませんでした。

私は、NC旋盤という機械を用いて、胃カメラのハンドル部分や鉗子《かんし》が出入りする部分の部品を作る仕事をしていました。

機械いじりがまったくできず、切削油《せっさくゆ》と潤滑油との違いも何もわからない状況で現場に入り、本当に苦痛な毎日でした。社員からも、「東大なのにわかんないの？」と言われて、「あっ、やっぱりオレ、ダメなんだ」と思っていました。

経営者の勉強会に行くこともあったのですが、やはり自分の無力さを思い知らされるばかりです。「えっ、東大でしょっ⁉　知らないの？」とここでも、言われてしまいます。

さらに入社して3年ほど経ったころ、

「大輔が作ったものは不良品が多いぞ！」

と父から注意されることが増え、ますます「あっ、ダメなんだ」と、打ちのめされていきました。

その気持ちは次第に、「こうなったのはお父さんのせいだ。せっかく地元に帰ってきてやったのに！」と変化していき、心のなかで父に刃《やいば》を向けるようになりました。もちろん、直接は言えません。

だからでしょう。どんどんその気持ちがエスカレートし、ことあるごとに「オレは帰ってきてやったんだぞ！」と心のなかで父に反発しては憎んで、反抗心を燃やしていました。

そうして入社から10年ほどが経ち、私が主事として現場の社員をまとめるようになったころ、社員とのコミュニケーションがますます難しくなっていきました。経営者である父の意見を私が社員に伝える立場になり、また社員からのクレームを対処する役割も担っていました。今から思うと、社員の人望を失うのも、当然でしょう。とくに、現場でほかの社員をまとめていた「影のリーダー」だった社員からは、厳しく非難されていました。

「村松主事はこの会社を継ぐ気があるのか！」

そう言われてしまう始末です。

ある日、工場に出勤したら「やる気あるのか！」という張り紙まで貼られていました。そのときにはもう、私が指示を出しても社員はまったく聞いてくれず、無視された状態になっていました。

父からは、「リーダーなんだからまとめろ。矢面に立って仕事をしろ」と言われ続けてきましたが、現状はまったく逆。私は役立たずのレッテルを貼られ、実質は「影のリーダー」がイニシアティブを取って仕事が回っていたのです。

診断の結果は「うつ」でした

やがて私は日曜日の夜が憂鬱《ゆううつ》な、典型的な「ブルーマンデー症候群」になり、家に帰ると床に倒れ込んで起き上がれなくなっていました。階段を上るときは、一歩一歩、踏みしめないと進めません。

会社ではついにこんな言葉が飛び出しました。

「村松主事、ちょっと頭がおかしいですよ」

これにはさすがにびっくりしました。どうしてか聞くと、

「だって、言っていることや質問に対する返事がチグハグですから」

と言うのです。

アスペルガーではないかと指摘され、ついには「病院に行って脳外科で診察してきてください」と言われるまでになりました。病院に行くなんて、もちろん気が進みません。でも、「こんな人に会社を継いでほしくない」とまで言われたので、病院に行ってＭＲＩを

撮ってもらうことにしたのです。

検査の結果は、「異常なし」でした。ただし、ホッとしたのも束《つか》の間、**医者から「うつです」と告げられたのです。**

このとき私は初めて、自分も「うつ」になるんだということを知って衝撃を受けました。感情を殺し社員の矢面に立ち、会社のために尽くしてきたつもりでしたが、私にはちゃんと感情があって、それがじわじわと傷ついていたということです。

その後、とあるセミナーに参加した際、「相手と自分との関係は、自分と自分自身との関係だ」と言われたことがありました。それをきっかけに、「自分と自分自身との関係」の大切さに初めて気づくこととなったのです。

潜在意識をガラッと変えてくれる「自分ほめ日記」をやろう

私はずっとこんなことばかり考えていました。

「自分はみんなのために頑張っている。身体はどうなってもいい。会社のために自分は最善を尽くすだけだ」

しかし、いま振り返ると、これは「相手と自分との関係」でばかり考えていたのです。社員に社長である父に対しては、反発しながらも、「父に認めてほしい」という気持ち。社員に対しては「私の身体はどうなってもいいから、休日は休んでもらい、平日は楽しく仕事してもらおう」という気持ちです。

ここからもわかる通り、私は表面的にはずっと「前向き」に頑張っていると思っていました。でも、「自分と自分自身との関係」を考えたとき、その過ちに気づきました。

私は自分のことを「オレはどうなってもいいよな。傷ついたって、苦しんだっていいよな」と、とことん自虐的に扱っていたのです。

もっと言うと、「どうせオレなんてダメなやつ」「オレなんて価値がないから、どうなってもいいんだ」という気持ちもあったでしょう。

これが私のなかに隠れていた潜在意識です。

この「自己否定」や「自虐」の意識が私の自分発振となって相手に届いているので、他人から返ってくる波も「村松はどうでもいいやつ」「村松は傷ついても平気」というものになっていました。そうして、実際に、社員との間で問題を起こしてしまったのです。

とくにいちばん根が深かったのは、父との関係でした。

本当は認めてもらいたかったのに、自分で自分自身のことを「どうせ認めてもらえない」と扱っていたことで、どんどん自分との関係を悪化させていました。

感情は殺さなきゃいけない……。

どんなにつらくてもいい……。

休んではいけない……。

それが「社長のせがれ」である私の役割だと、自分で認識していたのです。

自分が自分自身をどう扱っているのか。これは自分の潜在意識を知る大きなヒントです。もちろん、自分を大切にしている人は問題ありません。でも、じつは自分のことを雑に扱っていたり、私のように「どうでもいい」「傷ついてもいい」なんて思っていたりする人は要注意です。

とくに気をつけてほしいのは、「自己犠牲」です。自己犠牲の意識を発振すると、それが現実化してしまうので、やめてください。

日本人は自己犠牲をよしとする精神が少なからずありますが、それは自分を認めてほしいという気持ちの裏返しでもあります。ならばまず、あなたが自分自身をほめてあげなければいけません。

そのときにぜひやってほしいのが「自分ほめ日記」です。

この「自分ほめ日記」をつけることで、「自分発振のヘルツを高める3ステップ」の最初のステップ、「①自己肯定感を高める」ことができます。

私も「自分ほめ日記」をつけることで、自分自身を認めることができるようになっていきました。その方法について、このあと具体的にお伝えしたいと思います。

そうして、「自分と自分自身との関係」によって「自己犠牲」や「自己否定」していた潜在意識に気づいた私は、自分を認めてあげることによって、たった1週間で社員との関係も、うつも改善することができました。

その後、私をずっと無視し続けていた「影のリーダー」に「おはようございます」と言ったとき、3か月ぶりに「おはようございます」と挨拶《あいさつ》を返してきてくれたときのことを、私はきっと一生忘れられません。

それ以来、彼は私を支えてくれる心強い味方となってくれました。

「自分ほめ日記」をつけて自己否定から抜け出そう

「自分と自分自身との関係」をよくするのは、一見、難しい作業のようですが、ノート1冊あれば誰でも改善していくことができます。

そのノートを使って「自分ほめ日記」をやればいいのです。

これは読んで字のごとく、自分をほめるための日記です。自分がその日にやったこと、行動したことに対してほめる内容の日記を書きましょう。

「なんだ、そんなことか……」と思うかもしれませんが、この効果は絶大です。自分が自分自身を潜在的にどのように考えているかがわかるだけでなく、自分を客観的にほめることで、自己肯定感が自然と上がっていきます。

自分発振ではまず、自己肯定感を高めることが大切です。**「自己犠牲」「自己否定」「自虐」が潜在的な意識にあると、自分発振のヘルツは決して上がりません。**低いままです。

自分の潜在意識には、いったいどれくらいの割合で、「ポジティブ／ネガティブ」が存在しているのか、「自分ほめ日記」を通して、確認してみましょう。そして、思いっきり100％ポジティブになってみてください。

自分に対して、潜在意識で「ダメだ」「どうせうまくいかない」と思っていると、日常の出来事の多くがネガティブに映ります。でも、潜在意識が「できる！」「大丈夫！」と変わるだけで、日常の出来事の多くが、ポジティブなものに変わっていきます。どんどん自分のなかのヘルツは高まり、自分発振で願いがかないやすくなっていくのです。

では、「自分ほめ日記」とはどのようなものか、詳しく説明していきましょう。

【「自分ほめ日記」の目的】

自分が「今日」やったこと、行動したことに対して、ほめる内容の日記を書く。

◎道具は100均のノート1冊あればOK

まずは用意する道具です。

使用するノートは、自分が使いやすいものを選んでください。条件はただひとつ、日記を書きためていけること。それができれば、100均のノートでも、キャラクターのノートでも、はたまたメモ帳でもなんでも構いません。

私や生徒たちはノートを使っているのでおすすめですが、もしスマホで普段の日記を書いている、という人であれば、スマホでも構いません。使用するペンも、とくに決まりはないので、色ペンを使いたい人はそれでもいいですが、私はシンプルな黒ペンを使用しています。ただし、経年劣化する鉛筆や熱で文字が消えるようなペンなどは避けたほうがいいでしょう。

自分がいちばん「継続」してやりやすいものを選んでほしいと思います。

「自分ほめ日記」は「保管」してためておくことで「財産」になります。1冊目、2冊目と増えてくると、それだけで自分の自信につながってくるので、その意味では、やはりノートに書いて揃《そろ》えていくのが効果的だと思います。

「自分ほめ日記」を続けて、もう10冊以上になるという人もいるのですが、自分の自信になっているのはもちろん、今ではすぐに自分の「ほめポイント」に気づけるようになっています。だんだん書く内容も深くなっていき、潜在意識に「できる」というのが定着したことがうかがえます。

さらに自分をほめることができるようになると、他人のちょっとした出来事に対しても、「あっ、今のすごいね」と言ってほめられるようになっていきます。

以前、女性が「自分ほめ日記」をつけているうちに、旦那さんのすてきなところをどんどん口にできるようになって、パートナーシップが劇的によくなったというケースがありました。それくらい、「自分ほめ日記」をつけることは、潜在意識をまるっと変えることができる力を持っています。

◎夜寝る前に書く

次に、日記をつける時間帯についてです。

通常の日記であれば、一日のうち、どの時間帯につけても構いません。何日分かをまとめて書く人もいるでしょう。**でも、「自分ほめ日記」の場合は、必ずその日の夜に書いてほしいのです。**

というのも、寝る前に書くことで、その内容を脳に直接浸透させることができるからです。とくに、寝落ちする直前は、脳内にアルファ波が出ている状態で、潜在意識層に「自分ほめ」をした内容がインプットしやすくなっています。

寝ている間、私たちの脳では情報の「整理整頓《せいとん》」が行われます。そのときに、「自分ほめ」をいっぱい入れてあげることで、脳の中を「自分ほめ」だらけにすることができます。

昼間の活動時間だと脳内に出ているアルファ波が少ないので、効果は激減してしまいます。ぜひ寝る前の習慣として、「自分ほめ日記」を取り入れましょう。

◎どんなに小さなことでもいいので、必ず3~5個考えて書く

その日にできたことを、どんなに小さなことでもいいので、「複数書く」ことが大切です。頭が「ほめるスイッチ」に切り替わっていれば、私たちは一日のなかでたくさんの「ほめていい」行動をしているものです。それを実感するためにも3~5個考えるようにしましょう。

最初はなかなか出てこないものですが、それは潜在意識で「ほめるところなんて……」「自分なんて……」と思っている証拠です。

実際に自分をほめることに慣れてきた人や、そもそも自己肯定感の高い人は、5つくらいならすぐに出てくるようになります。

毎日複数、書き出すことによって、どんどん時間をかけずに「ほめポイント」が見つかるようになってきます。それはそのまま、あなたの潜在意識がプラスに変化している証拠です。慣れただけだと思う人もいるかもしれませんが、潜在意識がどんどんプラスの意識に慣れていることが、変化している何よりの証拠なので安心してください。

もし一気に3~5個考えるのは難しいという人は、たとえば仕事の昼休みにちょっとだけ考えて、それまでに気づいた「ほめポイント」をひとつでもいいので、メモしておきましょう。そうすれば、寝る前に1から考える必要はなくなります。そういうやり方をしても大丈夫です。

「昼休みにひとつだけ考えよう」と意識することによって、午前中から自分の「ほめポイント」に意識が向かいます。その意識はやがて午前中だけにとどまらず、一日にわたって「自分のほめポイントはあるかな?」と意識することにつながるので、潜在意識としても自分をほめるような方向に舵《かじ》を切るようになります。

◎出来事＋形容詞で短い一文をつくる

自分をほめる内容は本当にささいなことで構いません。

たくさん文章を書くのではなく、まずは短く一文で表現してください。

「自分で洋服を洗濯機に入れた」とか「食器を流し台まで運んだ」という、ちょっとした行動に対して、自分を評価するプラスの形容詞を加えて一文をつくります。**また、その短い一つひとつの文章は、小さく書かないこと。なるべく大きく書いてあげることがポイントです。**

では、どんな文章を書けばいいのかというと、たとえば次のようになります。

- **洋服をちゃんと洗濯機に入れたわたし、えらいよね**
- **食器を流し台まで運んだわたし、えらいよね**
- **玄関で靴を揃えたわたし、えらいよね**

このように、出来事だけじゃなくて自分をほめる形容詞を、必ず一文に対してひとつつけ加えてください。「わたし」という、自分を表す「主語」を入れるとより効果的です。

慣れてきたら、一つひとつの行動に対して、ほめる形容詞を変化させていきましょう。

・洋服をちゃんと洗濯機に入れたわたし、えらいよね
・食器を流し台まで運んだわたし、いいお母さんだね
・玄関で靴を揃えたわたし、よくやったね

「わたし、えらいよね」という言葉だけではなく、「いいパパだね」「いいママだね」とか、「わたし、よくやってるじゃん」「オレって最高の夫だ」というように、それぞれの文章に対して違う形容詞を考えてみてください。

この形容詞も、自分をほめるものであればどんな表現でも構いません。せっかくなので、思いっきり自分をほめてあげる形容詞をたくさん考えて、つけてあげましょう。

◎当たり前だと思ってやっていることを「すごい」に変える

最初に取り組む人のなかには、1時間かけても1個も出てこない、という人がときどきいます。

そういうときは、「当たり前じゃん！」と思っていることを、ほめるようにしてみてください。たとえばお母さんの多くは、「子どものお弁当作るのなんて当たり前でしょ」という感覚を持っています。この「当たり前じゃん！」を「すごい！」に変えるんです。普段当たり前にやっていることほど、いきなり「すごい！」とは思いづらいものなので、最初は感情を伴わなくても構いません。

・朝6時半に起きて子どものごはんを作ったわたし、すごい！

文字だけでいい。それだけでいいので、「当たり前」だと思っていることを文字化してあげます。それを続けると、徐々に普段の自分に自信がついてくるようになります。夫婦であれば「夫にごはんを作ってあげる」「妻のために今日も仕事を頑張った」のが当たり前なんじゃなくて、「すごい！」と文字化してあげましょう。

なかには、家族のごはんを作っているわけでもないし、仕事でもたいしたことをしていない、という人がいます。でも、大丈夫です。

当たり前だと思っていることは、もっともっと「当たり前」のことでいいんです。

・仕事に遅刻せずに行けた、わたしすごい！
・今日は家事をひとつこなせた、わたし頑張った！
・道端に咲いている花に気づいた自分、最高！

それだけでも立派な行動です。十分に自分をほめていいポイントです。それでも見つからないという人は、たとえば、次のようなところから考えてみると、絶対に「ほめポイント」が見つかります。

・今日は**ちゃんと朝起きれた、**わたしすごい！
・今日は**ちゃんと歯磨きできた、**わたしえらい！
・今日は**自分で着る服の準備ができた、**ぼく頑張った！

いかがでしょうか。

私たちは普段、「当たり前」だと思ってたくさんの行動をしています。でも、それは決して当たり前のことではありません。**私たちがちゃんと生きているという証拠です。それ**

をほめてあげることは、大げさなことでもなんでもありません。

ごはんの後に食器を流し台まで運んだけど、洗うことはできなかったとします。すると、多くの人は「できなかった」ということにばかり目が向かってしまいます。これは潜在意識において自分は「ダメだ」「どうせうまくいかない」という気持ちを持っているからです。たとえ、食器を洗えなかったとしても、流し台まで運んだことは、決して当たり前のことじゃない。ほめていいことです。

この「当たり前」を「すごい！」に変えることができた人たちはみな、どんどん自分に自信を持てるようになっていきます。もちろん、毎日毎日、「今日はちゃんと朝起きれた、すごい！」しか書かないようでは潜在意識への影響も少ないのですが、今までの経験上、そういった人はひとりもいませんでした。

「当たり前」と思っているところから「自分ほめ日記」を始めた人でも、自然とどんどん「ほめポイント」が見つかるようになって、日記が書けるようになっていくからです。

◎人に対してしたことを「すごい」に変える

慣れてきたら、次は人との関係で「ほめポイント」を見つけて日記に書いていきましょう。たとえば、誰かに挨拶できたらほめてあげよう、とか、自分が他人に対して何かしてあげたらほめよう、ということです。

・今朝、会社の人に「おはよう」と言えた、わたしちゃんと挨拶できてえらい
・今日、同僚がコピーした資料を運んであげた、わたし気配りできてすごい
・電車で空いていた席に座ろうと思ったけど別の人に譲った、オレかっこいい！

そんな具合に、他人に対して自分がしたことを振り返って、その行動をほめてあげましょう。

他人への声かけやサポートじゃなくても問題ありません。

・上司に説教されてムカついたけど、ちゃんと最後まで冷静に聞いた、わたし社会人として立派だった！
・あの人にイヤミを言われて悲しかったけど引きずらなかった、わたしよく頑張った！
・今日、先輩に仕事を助けてもらって感謝の気持ちになれた、ぼくえらい！

このように、相手に対して抱いた「怒り」や「悲しみ」に対しての行動でもいいし、仮に「ありがとう」と口に出して言えなかったとしても、心のなかで「感謝」の気持ちが持てたのなら、十分ほめていいポイントです。

他人への行動で「ほめポイント」がないか意識していると、自然と周囲の人に対しての行動も変わりますし、また実際にあなたは周りからほめられる回数が増えることに気づくでしょう。自分自身に対して「できる!」「大丈夫!」という気持ちはますます強くなります。

「おかげで日記」を書いて「封印していた過去」に会いに行く

さて、「自分ほめ日記」のやり方はつかめたでしょうか。

実際に「自分ほめ日記」に慣れてきたら、**次は「おかげで日記」を実践してほしいと思**

います。これは「自分ほめ日記」に比べると、少々時間はかかりますが、そのぶん効果はさらに期待できます。

「自分ほめ日記」は先ほども触れたように、「自分発振のヘルツを高める3ステップ」のひとつ目、

①自己肯定感を高める

これを達成するためのワークでした。

「自分ほめ日記」がスムーズにできるようになったら、あなたはもう、潜在意識下において「自分と自分自身との関係」がポジティブになってきたことを意味します。「できない」「どうせうまくいかない」といった、自己犠牲や自己否定による低いヘルツでの自分発振ではなくなっています。

しかし、人によってはせっかく潜在意識が変わってきたにもかかわらず、なかなか自分発振のヘルツが高くならない人がいます。そんな人たちは、「えらい！」「大丈夫！」という自分を肯定する発振は自然とできるようになったけど、「できない自分」というコンプ

レックスに対してはまだ恐怖心を持っていて、拒絶してしまう状態です。

次に紹介する「おかげで日記」は、そんな状態から抜け出し、「できる自分」「できない自分」どちらも自分だと受け入れて、それでも「大丈夫」という発振が自然とできる状態になるためのワークです。

「できない自分」に対して拒絶してしまう原因は、あなたが自分自身のなかに封印してしまった過去の「傷つき体験」を受け入れることができていないからです。これはなかなかやっかいな存在です。

普段は心のなかに封印しているので意識することもないのですが、あなたが人と接するときに、あなたの感情に少なからず作用してしまいます。すると「できないかも」「うまくいかないかも」「怖いかも」「やめたほうがいいかも」という意識が生まれてネガティブになり、あなたのヘルツも停滞してしまいます。

たとえるならば、子どものころ、犬に吠《ほ》えられて怖い思いをしたことがある。普段はそんなこと思い出すこともないけど、犬を目の前にしたときに急に怖くなってしまう、という感覚です。

犬であれば、気をつけていればそれほど目の前にすることもありませんが、「人」の場合、そうもいきません。とくに、夢や目標をかなえるためには、なんらかの挑戦や努力があるものです。そんなときに、封印していた「傷つき体験」が邪魔をして、「できない」というイメージを作り出してしまうのです。

「おかげで日記」はそんな「傷つき体験」をスッキリと解消してくれる魔法の日記です。

自分発振のヘルツを高める3ステップのうち、

①自己肯定感を高める
②過去の封印を解いて受け入れる
③相手に寄り添い共感する

この②を行うためのワークです。

ときどき質問を受けるのですが、「自分ほめ日記」→「おかげで日記」という順番で必ずやるようにしてください。「おかげで日記」は過去のネガティブ体験と向き合うための日記です。そのため、自己肯定感が低いまま「おかげで日記」に挑戦すると、なかなか書き出すことができず、途中で断念してしまうことが多いからです。

まずは「自分ほめ日記」で自己肯定感を上げてから、「おかげで日記」に取り組んでほしいと思います。

では次から、「おかげで日記」のやり方について説明していきましょう。

「せいで」という固体は、すべて「おかげで」という気体へ昇華できる

私たちは普段、意識せずに「〜のせいで」という思いを持ちながら生きています。

・時間がなかったせいで、できなかった
・夫（妻）が理解してくれないせいで、自由にならない
・お金がないせいで、大学に行けなかった
・親が厳しかったせいで、青春時代を楽しく過ごせなかった

・スキルがないせいで、仕事で結果を出せない
・こんな顔に生まれたせいで、結婚もできないしモテることもない
・声が低いせいで、話すのが苦手だ

数え上げたらキリがありません。私たちは普段、何気なくたくさんの「できなかったこと」や「うまくいかなかったこと」を「～のせいで」と考えながら過ごしています。

「おかげで日記」とは、この「せいで」という凝り固まった固体を「おかげで」という気体へと昇華させるメソッドです。

もっと簡単にいうと、自分が傷つきネガティブに捉えていた出来事に対して、「おかげでポイント」を探して、「〇〇のおかげで、今こんなことができる」と書いていく日記です。

どんなに根深く「～のせいで」と思っていた固体でも、必ず「おかげで」という気体に昇華させることはできます。

ちなみに「おかげでポイント」とは、ネガティブだと思っていた出来事が、じつは今の自分にとってプラスの影響を与えている、というポイントのこと。たとえば、「お金がな

いせいで、大学に行けなかった」と感じていた人ならば、「お金がなかった」という環境のおかげでお金の大切さを実感できたかもしれませんし、お金がない人の気持ちがわかるようになったかもしれません。もしかしたら、貧乏だった経験から経営者になろうと思って会社を運営しているかもしれません。

これが「おかげでポイント」です。

「おかげで日記」も「自分ほめ日記」と同様、できれば1〜3週間、毎日やってみましょう。

この日記の最大の目的はたったひとつ。過去に自分の心に傷を残した「ネガティブ体験」を全部丸ごと受け入れてあげることです。

私たちが自分で自分の自己評価を下げてしまう原因は間違いなく過去のネガティブ体験にあります。

・小さいころに親や友人からこんなことを言われた……
・長く付き合っていた恋人に、すべてを否定された……
・あの大病で人生がめちゃくちゃになった……

・会社をクビになったから、こうするしかなかった……
・死ぬほど頑張ったのに、何もうまくいかなかった……

こういった、自己評価を下げてしまう要因となったネガティブ体験とまずは向き合う時間をつくること。そしてネガティブ体験に対してひとつでもいいので「おかげでポイント」を探し、

「この（ネガティブ体験の）おかげで、今の自分は○○できるようになった」

という日記を書きます。そうすることで客観的に過去の自分の体験と向き合うだけではなく、その体験が今の自分に役立っていることを強く認識することができます。

私たちはどうしても、過去にあった嫌な体験を心のなかに封印してしまいます。いつも思い出していたら心がもたないからです。失恋でショックを受けた人が、毎日毎日、延々と引きずっていては生活することができません。ちゃんと向き合って「おかげで」に変換できた人は問題ないのですが、それができない人は、時間をかけて忘れるようにして心の

なかに封印してしまうのです。

でも、それは消えているわけではありません。あくまで意識下に「封印」しただけであって、私たちの自己評価を下げる「もと」になっています。

「せいで」のまま封印してしまった記憶を解いてあげて、「おかげで」という感謝の波動で上書き保存してあげましょう。

まずは「おかげでポイント」を探すのがベスト

いきなり過去の体験に向き合って、「せいで」を「おかげで」に上書き保存するのは、なかなか大変な作業です。

そのため、まずはトレーニングがてら日常の出来事に目を向けて、「おかげでポイント」を探して日記に書いていきましょう。

たとえば電車が事故で遅れて、会社や打ち合わせに遅刻したとします。この出来事のなかで「おかげでポイント」を探すとどうなるでしょうか。

・電車が遅れたおかげで、**最近は15分前行動が身についた**
・電車が遅れたおかげで、**遅れることがどれだけ周りに迷惑をかけてしまうか実感できた**
・電車が遅れたおかげで、**久しぶりになんでもない時間を過ごすことができた**
・電車が遅れたおかげで、**遅刻する人に寛容になった**

このように、本来ならば「せいで」と言いたくなる経験を「おかげで」という感謝の波動で上書き保存していきましょう。

書き方は「自分ほめ日記」と同じです。

ノートを1冊用意して、先の例文のように自分のなかに記録されたネガティブ体験を、「○○のおかげで、△△できた」という文章に当てはめて書き換えてください。

日常の出来事でやってみたあとはパートナーや恋人、家族を対象にして同じようにやってみましょう。とくに家族が関わる出来事になると、一気に向き合うハードルは高くなります。思い出すのもつらく苦しいような出来事が誰しもあるものです。

でも、「おかげで日記」をやったあとは、絶対に「やる前」よりもポジティブになります。信じてやってみてください。いきなり頭ですべてを考えるのではなく、まずは自分がずっと恨んでいる出来事や、嫌だった体験、悲しかったことを思い出してみてください。

そして、そのときの出来事と感情をありのままに書いてみます。

・中学生のころ、自分は何もしていないのに父親が私を叱ったせいで、もう何もかも嫌になった

そうしたら次に、「せいで」の部分をとりあえず、「おかげで」に書き換えてもう一度書いてください。先ほど書いた文章は消さずに残しておいて構いません。その次に新しく書いてみましょう。

・中学生のころ、自分は何もしていないのに父親が私を叱った**おかげで、**

とにかくここまで書いてみます。そこから「おかげでポイント」を探してみてくださ

い。この作業をやらずに、頭のなかですべてやろうとすると、つらい記憶や苦しい記憶に支配されてなかなか「おかげでポイント」を探すことができません。

まずはここまで書き進めることで、あとは「おかげでポイント」に集中しやすくなるので、作業の負担もグッと減ります。

ちなみに「自分ほめ日記」と「おかげで日記」で大きく異なる点がひとつだけあります。**それは、「おかげで日記」では、文章はどんなに長く書いてもいい、ということです。**

「○○のおかげで、△△できた」

この○○の部分を鮮明に書いてもいいし、△△の部分を細かいことも小さいこともすべて含めて思ったまま書きなぐっても構いません。たくさん書けば書くほど、客観的にその出来事を捉えて、「おかげで」に上書き保存しやすくなります。

また、実践した方々を見ると、たくさん文章を書いている人のほうが、「感謝」の気持ちを深く持てている傾向があります。それだけ、自分が封印していた過去と向き合い、それを受け止めたからこそ、たくさんの感情が新しく浮かび上がってきたのでしょう。

その「新しい感情」は新しく生まれ変わったあなたそのもの。とても大切なものだと私は思います。ぜひ余すところなく、「おかげで日記」に残しておきましょう。

アルコール依存の父に感謝します！

「おかげで日記」によって自分の過去を受け入れて、ヘルツを高めてきた人たちの例をここでご紹介したいと思います。

さまざまな経験を抱えて生きてきた人たちばかりですが、日記を通して向き合って、今ではみなさん本当に自分の夢を思い通りにかなえて人生を楽しんでいます。今回、本書の執筆にあたって、無理なお願いとは承知のうえでご相談したところ、ひとりでも多くの人の参考になるならば、とふたつ返事でご承諾くださいました。

書き方、向き合い方の参考になればと思います。

・Aさんの場合

「女友達が、人をバカにする言葉をギャグにして話してくれたり、言い訳を連呼して怒りをぶつける話し方にフリーズしていた。でも、そのおかげで、私は彼女を嫌いじゃないけれど、そのノリが苦手なことや、自分が子どもに対してそんなふうに追い詰めるような怒り方をしていたことに後から気がつくことができた。怒りに任せたのでは諭すことができないこと。もっと深掘りするキッカケになりました。ありがとうございます」

・Bさんの場合

「父がアルコール依存で家庭内が普通の家庭と大きく異なっていたので、私は自分の生きづらさをずっと父のせいにしていた。何かうまくいかないことがあると、あんな家庭で育ったから私はこんなふうになったと思っていた。まだまだその思いは心の奥底に隠れている感じがする。

でも父がそのような状態だったおかげで、そのような家庭で育ったおかげで、心理学を学び非常に腑《ふ》に落ち理解ができ、同じような苦しみを抱えた人たちの気持ちもわかり、寄り添えるようになりました。

そしてどのようにしたらアダルトチルドレンから回復していけるのかということがわかり、それをお伝えすることができ、たくさんの同じようにつらい思いをしている人に光を見出《みいだ》せるように導くことができるようになりました。ありがとうございます。感謝です」

そもそも、あなたは素晴らしい

これまで、たくさんの人に出会ってきました。

私のもとに相談に来られる方は、みなさん大変な経験をされた方々ばかりです。大切な方との死別もあれば、幼少期のころに激しい暴力を振るわれていたり、夫婦関係がこじれにこじれていたり、人生においてずっと否定され続けてきたりと、本当に私も胸が苦しくなる思いです。

「自分を認めてあげましょう！」

そんな言葉を投げかけると、なかには「自分のいいところなんて何もないんです！」と涙を流しながら訴えかけてくる人もいます。

「もう何度も自殺未遂をくり返していて……、死ぬことしか考えられないんです」という方もいます。

きっと、自分自身をそう扱わなければ生きていけないほど大変な経験を、何度も何度もくり返してきたのでしょうね。本当につらかったのだと思います。

そんなときは私も思わず涙があふれて、声が上ずってうまく話ができなくなるのですが、とにかくひと言だけ、ある言葉を贈るようにしています。

「そもそも、あなたは素晴らしい」

どんなに自己否定しようが、自殺未遂しようが、私たちは息をしているし、涙を流すことができるんです。息をして呼吸を整え、涙でたまったストレスを洗い流して、自分を生かしてくれようとします。

私たちの身体は、息をして酸素を全身に運びますが、それを可能にする毛細血管の直径は5～10ミクロンという大きさです。髪の毛が60～80ミクロンですから、その10分の1もありません。ものすごい細さなんです。

その細い毛細血管を通して赤血球を送り届けているから、身体が腐らずに生き続けています。もし生きたくないからといって赤血球が「酸素運ぶのやーめた」と言ったら、もうその時点で人間は生きていけません。でも、自殺しようと思っていても、骨髄で毎秒２０

0万個もの赤血球ができて運ばれ、私たちを生かしてくれます。

これはもう、絶対に、大いなる存在が私たちを、「そもそも、あなたは素晴らしい」と言ってくれているからなんです。だから放っておいても、ちゃんと生きるようにすべてが働き続けます。


私たちは、そもそも素晴らしいから、生命体として生かされているんです。


量子力学に触れていると、それを人よりも少なからず感じるときがあります。

世界中のノーベル賞クラスの研究者と、世界中の資金をすべて1か所に集めても、ペシッとたたいた蚊を元に戻すことはできません。

命は、どうしてもつくれない。


一方で赤ちゃんは母乳しか飲んでいないのに、ちゃんと骨や血液ができ、髪の毛は生え、目や鼻もつくられていきます。

ならば、母乳を試験管に入れて骨や血液をつくれるかというと、絶対につくることはできません。でも、赤ちゃんは母乳しか飲んでいないのに育っていくというのは、もう大いなる存在（宇宙）があなたを生かそうとしているからとしか思えません。

生きているということ自体が、そもそも宇宙という存在からすると、素晴らしいこと。だから、誰にでも、絶対に価値があります。他の誰があなたを否定したとしても、あなたがあなた自身を否定したとしても、あなたを生かしてくれている存在は、決して否定しません。自己否定をした瞬間に心臓が止まる、ということはなく、心臓を動かし続け、あなたのことを「生かそう、生かそう」としてくれています。

あなたが頭レベル、感情レベルで思っていることと、生命のレベルがあなたに対してやってくれていることは全然違います。科学者にも作れないような生命活動が、あなたの中で働いています。

生きていると、つらいときや苦しいときは必ずやってくるものです。そんなときこそ、この言葉を忘れないでほしいと思います。

「そもそも、あなたは素晴らしい」

第4章

「寄り添い」の自分発振は、人間関係の悩みを消してくれる

ヘルツを高めてフィールドを拡大させなさい

「自分と自分自身との関係」がよくないと、私たちはつねに低いヘルツの自分発振をしてしまいます。それは周りの人を巻き込んで「ネガティブな波」として返ってくるし、あなたにとってつらく苦しい出来事を「現実化」していきます。

そのため、第3章ではまず、「できる」というフォトンを飛ばせるようになる「自分ほめ日記」の方法をお伝えしました。次のステップとしては、過去の「傷つき体験」を受け入れ「できる自分」も「できない自分」も両方自分だと受け入れるようになる「おかげで日記」の方法やコツをお伝えしてきました。

ヘルツを高くするステップは次の3つでしたね。

自分発振のヘルツを高める3ステップ

①自己肯定感を高める
②過去の封印を解いて受け入れる
③相手に寄り添い共感する

②まで進んだあなたは自分自身に嫌な体験があっても、それも全部まるっと受け入れて、「できるフォトン」「大丈夫フォトン」を出し、夢や目標を現実化する準備が整いました。あとは、一気にヘルツを高めて次元上昇し、より確実に現実化をもたらすための方法をお伝えしましょう。それが最後のステップ**「③相手に寄り添い共感する」**です。

私たちは毎日他者と関わりながら生きていますが、この関わり方は願いの現実化に大きな影響を及ぼします。というのも、せっかく「自分と自分自身との関係」をよくして、高いヘルツで自分発振できるようになってきたというのに、他者の言動に引きずられて次元をまた下降させてしまう人がたくさんいるからです。

そうではなく、他人と上手に向き合い共感し合うことができれば、相手のフィールドを共有して、さらに自分発振が届くフィールドを拡大することができます。フィールドがど

図５　自分発振のヘルツを高めれば、フィールドはどんどん拡大する

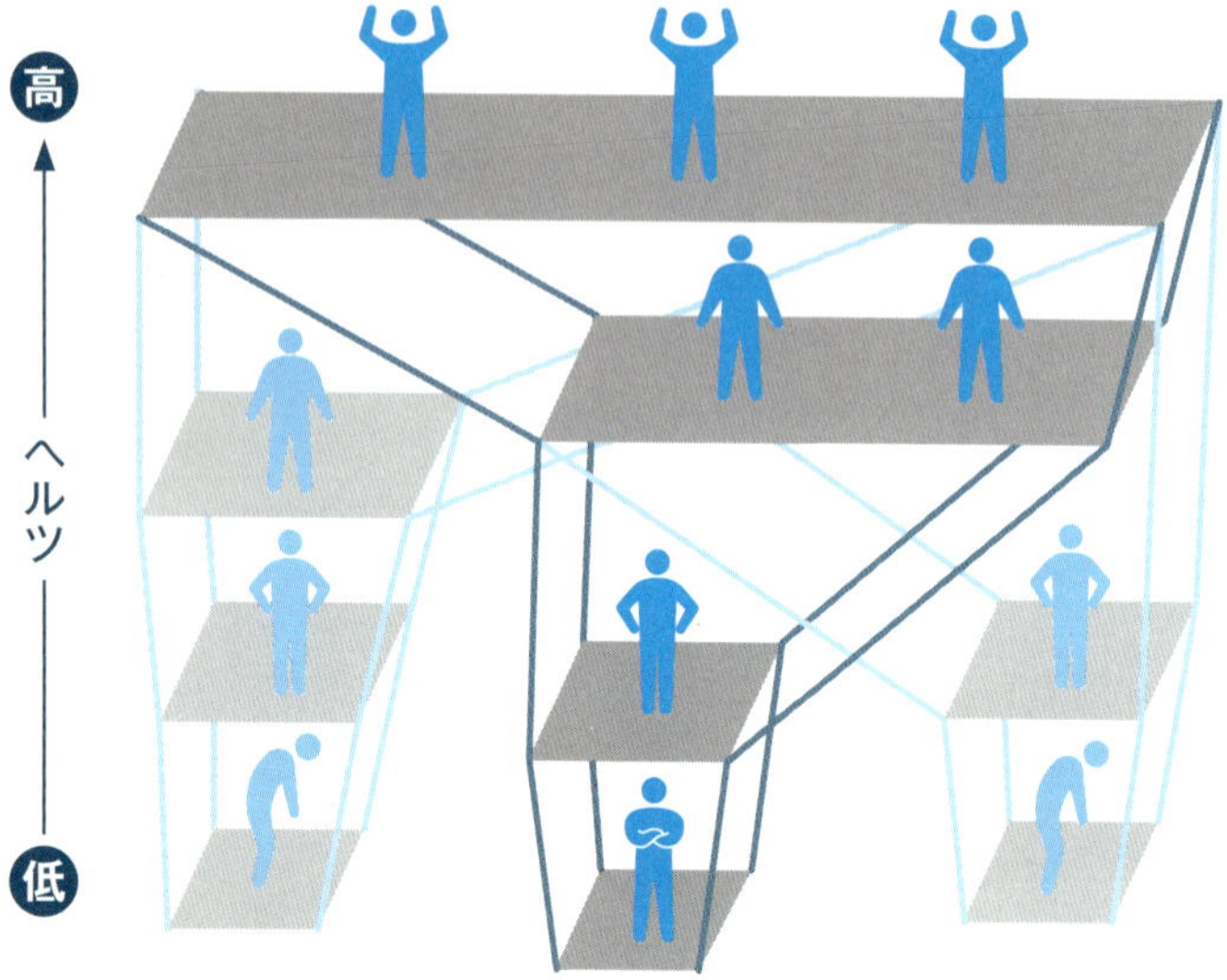

んどん拡大していけばそれだけフォトンが広く遠くに届くことを意味するので、発振した夢や願いはいっそうかないやすくなります。

本章では、他者に寄り添い共感することで、さらに自分のヘルツを無限に高めていく方法をお伝えしたいと思います。

共感し合う人が増えれば増えるほど、あなたのフォトンが届く範囲は爆発的に拡大していきます。共振し、応援してくれる人がどんどん現れて、あなたを後押ししてくれるようになります。

仕事がどんどん順調に動き出し、お金にも困らなくなります。家族関係もそれまでが信じられないほど良好に転化。長年修復できなかった親との確執や、解決しなかったトラブル、患っていた健康問題などまでが解決するようになっていきます。

ぜひ本章を通して、自分発振をさらなる高みへと押し上げましょう。

他人と比較すると、うまくいかなくなるのは必然

まず他人との付き合い方で意識してほしい大前提があります。

それは、「他人との比較はやめよう！」ということです。他人との比較は、自分を認めてほしいという気持ちの表れでもあり、一点集中する力を分散させてしまうからです。

たとえば、柔道の試合を例にしてみましょう。

私たちはもともと１００のパワーを持っていたとします。

最高の自分を発揮することに集中すれば１００のパワーがそのまま発揮されます。しかし、「こいつには絶対負けないぞ!」と相手を意識してしまうと、20のパワーをそこに割いてしまうことになります。ほかにも、「審判にいいところを見せなきゃ」と、審判を意識してしまうと、さらに10のパワーが出てしまいます。

観客席に目をやると、お母さんや彼女が応援に来ています。

お母さんをちょっと意識してまた10のパワー。彼女から「頑張ってー」と声援を受けるたびにまた意識を散らして20のパワーを飛ばしてしまう。相手のことを意識するほど、自分が持っているパワーを、どんどん減らしてしまいます。

他人との比較、つまり他人を意識することは、それくらい自分が本当に望むべき自分発振を著しく妨害してしまいます。

私の生徒に空手部の男の子がいましたが、この話がすごく実感できたようで、高校時代に県大会で二度優勝、全国選抜に選ばれるほどの成長を遂げました。「試合中に相手がいないんです」とは、彼がのちに語った言葉です。

これは仕事でもまったく同じです。

「あの人のほうが先に提出したな」「あの人のほうが先に昇進してしまった」などと、周りを意識してしまうと、「自分はどんな価値を提供しようかな」「こんなことをやってみたい」という意識ではなくなります。「競争の周波数帯」に入ってしまうわけです。

すると、**前向きなフォトンがどんどんなくなり、むしろ「あの人よりうまくいかない」というイメージが現実化していきます。**それはやがて自己否定の感情を生んでヘルツを低下させてしまいます。あなたのフィールドも狭くなり、夢をかなえる可能性もしぼんでしまいます。

まずは他人と比べることはキッパリやめましょう。

「思いやり」と「共感」では、天と地の差がある

「自分がされてうれしいことは他人にも積極的にしなさい。自分がされて嫌なことは決して他人にしてはいけません」

小さいころ、こう言われたことのある人もいると思います。これは他者への接し方の教訓として、しばしば言われる言葉です。自分のことばかり考えるのではなく、他人にも思いやりを持って接するようにという教訓が込められています。

しかしヘルツを高めるには、「思いやり」では十分とはいえません。

もちろん、他人を思いやるのは、思いやらないよりもはるかに重要です。ただ、「思いやる」という行為は、あくまで主体は「こちら側」です。つまり、自分にあります。

「あの人はこうしたら喜んでくれるかな」

とてもすてきな感覚ですが、あくまで自分の目線から相手を見て感じたことです。

一方、「共感」というのは主体が相手にあります。相手のなかに入り込み、相手の目線で感情を共有します。

「あっ、この人から僕はこう見えてるから、こうやったら喜んでくれるかな」
「あっ、この人は今こんな気持ちだから、もっとこうしたら楽しんでもらえるかな」
「そうか！　こんなふうに見えてるから、幸せそうなんだな（悲しんでいるんだな）」

これが「共感」です。自分の目線でなく相手の目線で感情を共有し、より相手に寄り添った状態です。**この「共感状態」はまさに「寄り添いフォトンが飛んでいる状態」といえます。**

たとえば、落ち込んでいる友人に声をかける場面を思い浮かべてみましょう。

何も声をかけないよりは「大丈夫だよ」と声をかけたほうがいいのは間違いありません。でも、どういう落ち込み方をしているかということまで考えると、声のかけ方は変わってきます。もしかしたら、今は「大丈夫だよ」という言葉ではないかもしれない、ただ隣に座って肩を「ぽんっ、ぽんっ」とたたいてあげるほうがいいかもしれない――そう感じるのは、相手の「なか」にまで目線が入っているからです。

その後でやっぱり「大丈夫だよ」と声をかけたり、ただ隣に座ったりするのは、「自分主体」の判断ではなく、相手に寄り添って共感したうえでの「相手主体」の判断になっています。

他人と自分の関係においては、ここが最大のポイントになります。

「思いやり」で何かをするのではなく、相手のなかに入り込んで感情を共有する。私はこのときの感覚を**「じわ〜っとなる感覚」**だとお伝えしていますが、この「じわ〜」を日常生活でたくさん経験するほど、あなたのヘルツは着実に高まっていきます。子どもや塾の生徒に何かを教えたりほめたりするときも、私の目線からするのと、両膝をついて子ども目線でするのとでは「じわ〜」の感覚が大きく変わってきます。

先ほど、他人と比較しないことが大前提とお伝えしましたが、それは「共感」とまったく逆の行為だからです。

比較するくらいなら、思いやりを。

でも、思いやりより、共感を。

そんな自分にたくさん出会ってほしいと思います。

許せない人がいるときは、赤ちゃんやペットを見つめなさい

相談にいらっしゃる方のうち、いつも絶えないのが「家族関係を改善したい」と願って来る方々です。

そのような方に共感のお話をするとよくこう言われます。

「でも……いきなり夫（妻）に共感をしろと言われても……ごめんなさい、今の私では難しそうです」

それくらい、感情を左右されてしまう相手なのでしょう。**そんなときは、無理に共感しようとするのではなく、「共感する相手」をいったん変えるのが良策といえます。**

たとえば、通勤途中、お母さんに手を引かれている子どもがいたとき、ただパッと見て終わるのではなく、ちょっと心理的に立ち止まって「ステキな親子だな～」「お子さん、かわいいな～」と思ってみる。そうすると、あなたの周波数も穏やかなものになります。電車やバスのなかで赤ちゃんと目が合ったときに、同じ目線に立ってニコッとして「大丈夫だよ～」「かわいいね～」「ママのこと大好きだね～」という発振をするのも、寄り添って「じわ～」を体験しているといえます。

もしくは、道端にお花が咲いていたときに、ただ通り過ぎるのではなく、「きれいだな～」「こんなところでも健気《けなげ》に咲いているんだな～」と眺めてみるのもいいでしょう。ペットを飼っている人は、ペットを抱っこしながら「じわ〜」を体験するのも有効です。

仮に「大丈夫だよ〜」と思って見ていた赤ちゃんから、ブスッとして嫌な顔で返されたとしてもおそらくあなたはイラッとはしないはずです。「ああ〜、ごめんね」「見つめすぎて怖かったかな」と思うのではないでしょうか。ときには泣き出してしまうこともあるかもしれませんが、やはり「ごめんね、怖かったよね」という赤ちゃんに寄り添った気持ちになるはずです。

道端の花がしおれていたら、「誰かに傷つけられたのかな」「この前の台風は大変だったもんね」と寄り添ってあげます。

「かわいい」と思って抱きついていたペットが、急に飛び跳ねて飲み物の入ったグラスを割ってしまった場合はどうでしょうか。その場合でも、「もしかしたら運動したかったのかな」「ケガはしていないかな」「仕方ないよね」と感じられるのではないでしょうか。

家族や他人に寄り添い、共感するためには、何が起こっても受け入れられる状態になること。それを赤ちゃんやペットで意識的に体験しておきましょう。

この「じわ〜体験」を増やして寄り添うことに慣れてきたら、今度はそれを夫（妻）に向けてみましょう。家族関係が悪いと、夫（妻）がグラスの飲み物をこぼしただけで一気にネガティブな感情を向けてしまいがちです。でもそれが、赤ちゃんやペットに向けたように「疲れてたんだね」「濡《ぬ》れなかった？　大丈夫？」と思えれば、相手も嫌な思いをせずに素直に「ごめんね」と言ってくれるようになります。

それだけではなく、その寄り添いのフォトンに影響されて、相手も自分に寄り添ってくれるようになるので、**グラスを倒したという一件を機に、夫婦関係が改善していくことだってあるのです。**

赤ちゃんやお花、ペットに向けた「じわ〜」という感覚を、できるだけ損なわずに無条件で投げかけることが大事なポイントです。

じつは私も、忙しいときに妻に話しかけられると「こっちは忙しいのに……」と思いながら聞いてしまうことがありました。そんなときはだいたい妻にバレていて「ちょっと、聞いてるの？」と言われてしまいます。「聞いてるよ!!」と返事するのですが、ちゃんと寄り添ってはいないんですよね。

そんなときは、「いま聞いてほしいことがあるんだね」「もしかしたら大事なことかな？」と、塾の子どもたちや犬に寄り添っている感覚を取り戻して、妻に向けるようにしています。

そうすると、相手の見え方が変わってきたり、相手の反応が急に変化したりするのがわかります。寄り添いフォトンをたくさん発振し、ヘルツが高まることで、さっそく現実に変化が訪れているのです。

観葉植物は自分発振を測る最強のバロメーター

子どもと触れ合うことが身近にない、ペットを飼っていない、という方もいるでしょう。そんなときは「観葉植物」を家に置くのが絶対におすすめです。観葉植物はフォトンを吸収しやすく、「じわ〜」という寄り添いフォトンもその内側に「入りやすい」からです。

私も部屋に観葉植物を置いていますが、新しい葉っぱが1枚出てくるだけで「ああ〜、よかったね」という気持ちを持つことができます。

観葉植物を選ぶときは、実際にお店に行ってじっくり選ぶことがポイントです。大きさの違いによって金額も数百円から数万円まで差がありますが、金額は気にせず好きなもの、気に入ったものを選んでください。

もっと言うなら、その場で共振した「お相手」を選べたら、それがベストです。植物は周波数を受け取りやすいので、感覚的に共振した「お相手」に出会うことは、じつは珍しくありません。意識してみると、きっとあなたにも見つかると思います。

ちなみに私はモンステラという観葉植物を計3個、ひとつは大きなものを、あとは小さめのものを2つ、塾の部屋に置いています。

大きさは大きければいいというわけではありません。あくまで自分がいちばん愛《いと》おしく思える、共振できたものを選んでください。

なぜ観葉植物がいいのかというと、じつはもうひとつ理由があります。

それは、「ネガティブな気を吸収してくれる」ということです。私たちの愛情を受け取る一方で、ネガティブな気もできる限り吸収してくれます。そしてそれを、目に見える形で私たちに教えてくれるのです。

いちばんわかりやすい例でいえば、神棚に供える「榊《さかき》」です。

通常榊は、1か月は枯れない植物です。しかし、夫婦ゲンカが多い家庭ではすぐに枯れてしまいます。**じつは私も一時期、夫婦ゲンカが続いていたことがありますが、そのときは1週間くらいで葉っぱがチリチリになってしまい、自分自身が出しているフォトンに気づかされたことがありました。**

私は職場にも同じように神棚を作り、榊を供えているのですが、スタッフと言い争いをしたときもちょうど1週間でチリチリッと枯れてしまい、自分発振が乱れていることに気づかされました。一方、妻ともスタッフとも落ち着いた感情でいるときは、半年近く枯れないこともあります。

植物は、その場に流れている気がいいと長持ちするし、気が悪いとすぐに枯れてしまいます。それだけに、植物を愛おしく思い、いつも気遣って寄り添ってあげることができると、場の空気もよくなり、植物もますます元気になっていいことずくめです。

人との向き合い方に悩んでいたり、寄り添うことに難しさを感じていたりする場合は、ぜひ、観葉植物を部屋に置いてみることをおすすめします。

「自分発振日記」で相手のすべてを受け入れる

他人の言動に影響を受けず、相手に共感して「寄り添いフォトン」を出す自分になるためのワークとしてすすめているのが、日記3部作のラスト「自分発振日記」です。

書いて文字化することで自分の意識を見直すことは、ヘルツを高めるうえで何より効果的な取り組みです。

この「自分発振日記」はその名の通り、自分がどんな発振をしているのかを客観的に見直すための日記です。だからといって、毎日書くわけではありません。書くタイミングは「他人からひどい扱いをされた！」「大変な思いをしている」「私ばっかり攻撃される」と思ったときです。

なぜなら、それはあなた自身のヘルツが低下しているタイミングだからです。

会社の上司や家族に攻撃的な言葉を投げかけられたときは、「自分と自分自身の関係」がその「攻撃的な波長」と同調しているものです。厳しい言い方かもしれませんが、「私が私を攻撃する」という周波数が、「上司からの攻撃」を誘発したともいえます。

たとえば、本当は休みたいのに自分の気持ちに「我慢」を強いたり、「無視」をしたりして、無理やり働いている。もしくは、ゆっくりと美味しいごはんを食べたいはずなのに、いつも一食抜いて菓子パンやジャンクフードで手短に済ます。あるいは栄養ドリンクを飲んで終わり。

これは、どれだけ頑張っているつもりでも、自分の生活や命を大切にしているとはいえません。自分で自分を「どうでもいい」と思っているからです。だから周りからは「どんなに頑張っていても、大切にする必要はない人」としてぞんざいに扱われます。「こんなに働いて、自分ってバカだな」と思っていたら、周りからはバカにされます。

そして、「もっと頑張らなきゃいけない」と自分をたたいている人は、周りからもたくさんたたかれてしまいます。

他人は自分が思ったようには動いてくれません。たまたま自分のなかにあった、ごく小さなネガティブな波に反応するもの。誰にでも起こり得ることです。だから、悲観する必要はありません。

むしろ私はチャンスだと思っています。

どんな経験も自分の「波」のひとつとして畳み込めば、他者への共感力は大きくなり、あなたのヘルツは必ず高くなるからです。うつを経験したからこそ、うつになった人にアドバイスできることがあります。それと同じです。

では、「自分発振日記」では具体的に何を書けばいいのか、そのやり方についてお伝えしていきましょう。

「4つのプロセス」で自分発振を書き出してみる

「自分発振日記」は大きく次の4つのプロセスに分かれています。

① **「相手と自分との関係を書き出す」**

② **「自分と自分との関係を書き出す」**

③「自分に寄り添う」
④「相手に寄り添う」

前半では、どんな周波数の発振が起きているのか、どんな自分発振をしていたのかを日記のように記録します。後半では、まず自分に寄り添います。「頑張ってきた自分」は自分がいちばんよくわかっているので、それほど難しい作業ではありません。自分に寄り添ったあと、最後に、相手に寄り添う作業をします。

この作業をすることによって、どんな自分発振をしていたのかを客観的に見直す機会を持つとともに、無理なく「寄り添いフォトン」を出して、高いヘルツで次元上昇することができるようになります。

さあ、さっそく始めてみましょう！

人間関係が自然とよくなり、ますます次元上昇する「自分発振日記」です。

①相手にされていると思うことを書き出す（相手と自分との関係）

まずは、自分がいま他人の言動によって悩んでいること、嫌だなと思っていることを書き出してみましょう。とくに、相手が自分に対して何をしているのかを具体的に書いていきます。それによって、相手と自分との関係を明確にしていきます。

（例）

・職場の上司のAさんが、いつも私にばかり無茶な仕事を押し付ける。だけど、誰も私のことは評価してくれない。

②同じ周波数を自分にも向けていないかを書き出してみる（自分と自分との関係）

次に、①で書いたことを参考に、自分が自分自身に対してそれと同じ扱いをしていないか、同じ周波数を自分に向けていないかを、なるべく具体的な内容で書き出します。

（例）

・本当は休みたいのに「休んじゃいけない」って思い込んでいた。それに、もっと仕事をひとつずつ丁寧にこなしたいのに、「どうせ私がやるしかない」ってあきらめてたなあ。自己犠牲をしていた。

・「自分なんてどうでもいい」っていう周波数を出していた。だから、上司も私を「どうでもいい」っていう扱いをしていた。

③自分をねぎらう言葉をかける（自分と自分との関係改善）

次に、そんな自分をねぎらう言葉をかけてあげましょう。ねぎらう言葉は短いひと言で構いません。自分がどんな周波数を向けていたとしても、それまでの自分を思いっきりほめて、認めてあげましょう。

(例)
・私、よく頑張ったよね。
・思いっきり休んでいいじゃん！
・ここまでやれただけでも、十分えらいよ！

④相手の背景を考えて共感ポイントをひとつ見つける（相手に共感して受け入れる）

相手はその周波数をどうして自分に向けてしまったのか、その背景をできる限り想像して書いてみましょう。「正しいかどうか」は気にせず、想像で浮かんだものを書き出してください。そのなかで、自分がいちばん共感できるものに丸印をつけます。

そして最後に必ず、「それはわかるよ」と一文を添えて、相手を受け入れてあげましょう。

（例）

・きっと家庭がうまくいってないんだな。この前、グチってたしな。

・そういえば、同期のなかでいちばん出世していないし、会社のなかで立場がないのかもしれない……。仕事もやりづらそうだよね。**それはわかるよ。**

・以前、つらい過去を経験したって聞いたことがある。そのときの体験がずっと心に残っているのかもしれないなぁ。

あなたはその人から、嫌なことや無茶なことをされたかもしれません。でも、相手も同じ人間です。そうなった背景が必ずあります。その背景に寄り添うことで、あなたは対立したり自己犠牲したりという低い周波数から、寄り添いという、より高い周波数へと移行することができます。

そうなると、もう相手から受けていた悩みはなくなりますし、仮にまたネガティブな波が思いがけず出たとしても、今度はあなたに寄り添ってくれるようになります。力強い「味方」となってサポートしてくれることもあります。

慣れてくると、どんなクレームやいやがらせを他人から受けたとしても、相手の背景を推測し、日記なしで寄り添うことが自然とできるようになるものです。人から相談されやすくなり、頼られるようになっていき、どんどん応援されるようになっていきます。

それが「寄り添いフォトン」の影響力であり、あなたのヘルツがさらに高みに次元上昇した証拠なのです。

ひとつ上の姉が教えてくれた大切なこと

相手に寄り添うことの大切さは、日常のなかではなかなか気づきにくいかもしれません。私もひとりで気づいたわけではありませんでした。私に寄り添うことの大切さを教えてくれた人がいます。ここで少しだけ、その人の話をさせてください。

すでに何度か登場しましたが、その人とは、1歳違いの私の姉のことです。

姉とはケンカもよくしましたが、仲がよく、大学生になっても2人で同じアパートに住んでいたくらいです。私が小学5年生で、姉が6年生のころでした。姉と話をしていたとき、姉が何度も同じことを聞き返してくることがよくありました。何度答えても、「えっ、なあに?」と聞き返してくるものだから、私はイラッとしてしまい「だからさっき言ったじゃん!」と怒鳴ることがよくあったのです。

姉は悪気があって聞き返しているわけではないことはもちろん知っていました。**というのも、姉は難聴を患っていたからです。**

だから、私の声も聞き取りづらくて、何度も聞き返していたのです。

そんな背景があるにもかかわらず、何度も「言ったじゃん!」と怒鳴っていたわけですから、当時は本当に子どもだったなと反省するばかりです。そんな私はあるとき、ひとつのことに気づきます。

それは、「姉の耳に初めて聞こえる私の声は、つねに怒鳴り声だった」という事実で

す。これに気づいたときは愕然《がくぜん》としてショックを受けました。私から聞こえてくるのは、いつも怒鳴り声ばかりだというのに、何も言わずにずっと仲よくしてくれていた姉……。当然、嫌な思いをたくさんしてきたことでしょう。もしかしたら、もう私とは会話なんてしたくないと思ったかもしれません。でも、姉はいつも変わらずにいました。

それを思うと、すごく悪いことをしたと、反省しました。

——いったい姉は、どんな気持ちだったんだろう。

それが、相手に寄り添うことの大切さを、私が初めて実感した出来事でした。

それからは、姉にもわかるようにちゃんと丁寧に丁寧に、何度でも伝えようと心に決めました。もし聞き返されたら、もうちょっと大きな声で話をしようとか、優しいトーンで答えようとか、もっとわかりやすく短い話をしようとか、口の動きを見ているから口をよく動かして伝えようと、相手の気持ちになって話をすることを考え始めました。

その密《ひそ》かな練習は、それから10年近く続きました。この経験は今の私に、ものすごく生きています。

塾やセミナーで、フォトンの話をしているときにみなさんの表情が暗かったら、もっとわかりやすく説明しよう、話すスピードをゆっくりにしたほうがいいかもしれない、などと瞬時に機転がきくようになりました。メルマガで質問が来たり、反応が悪かったりしたときなども、表現を変えたほうがよかったかな、わかりやすいたとえ話を入れてみよう、などと考えることができています。

「わかりません」

いま、相手が発するこの言葉は、私をイライラさせるものではなく、相手に寄り添い、共感させてくれる言葉になっています。

それを幼いころに教えてくれた姉には、本当に感謝してもしきれません。

自分のなかに「神社」を作ってあなた自身を祀りなさい

本章ではこれまで、一気にヘルツを高め、次元上昇していく方法についてお伝えしてきました。「自分発振のヘルツを高める3ステップ」のうちの最後のステップ「③相手に寄り添い共感する」を実践するための方法です。

しかし、自分自身とは異なり、他者は自分の思い通りにはなりません。そのため、他者からの影響を受けやすく、対立して罵《ののし》ったり、怒りをぶつけたり、言い争ったりすると、とたんにネガティブな自分発振を相手にぶつけてしまいます。それをくり返すと、自身のフィールドをどんどん狭くし、やがて孤立させてしまうのです。

そうではなく自分発振で寄り添いフォトンを出すことで、他者の行動も変化し、関係はどんどん改善されていきます。寄り添うことは他者とフィールドを共有することなので、寄り添えるほど自分発振の影響力も拡大し、夢がかないやすくなるのです。

もしそこまで実践できたら、あとは特定の他者ではなく、「不特定他者」に対して〝寄り添いフォトン〟を出すことを目標にしましょう。

どうすればいいかというと、「素直に生きる」ということに尽きます。

文字にすると難しそうな印象がありますが、私はこれを、「自分のなかに神社を作りましょう」と伝えています。

その神社には「あなた」が祀《まつ》られています。あなたがこの世に生命を授かったときの、「生まれてきてくれて、ありがとう」という思いがいっぱい込められた神社です。

そんな思いが込められた神社に、自分でお祈りをするのです。

それはひとつには、自分自身を大事にするという意味もあるのですが、それ以上に大切なのは、誰も見ていないところでも自分や誰かのために、大事なことをしなさい、という意味です。

よく、「いいことをすると徳が貯まる」などと言います。もちろん、その通りだと思うのですが、私の考えは少し違います。**徳を貯めるかどうかよりも、「いいことをして、自分自身にウソをつかない」ということが、高いヘルツの自分発振には、はるかに大事だからです。**

試験でカンニングをしたり、経歴をちょっとごまかしたりしてバレなかったとしても、カンニングやごまかしたという事実は自分のなかに刻まれます。人が見ていても、見ていなくても、自分に素直に生きて、誰かのためになることをし、誰かの迷惑になることはしない。自分のなかにある神社に手を合わせ、お祈りすることで、つねに素直な自分でいることを心がけてほしいと思います。

すると、自分の周波数帯、意識レベルは次元上昇し、フィールドは広がっていきます。

さらに、同じ意識レベルにいる誰かが「いいこと」をしてくれて、恩恵がもたらされやすくなります。その階層にいる人はみな、プラスの影響力が強い人たちばかりだからです。

いちばん受ける恩恵は、ご縁が一気に広がること。たとえば、「大阪でセミナーを開催します！」とひと言告知しただけで、いろんな人がそれを広めてくれて、大阪に縁のある人や、セミナーに共感しそうな人をサッと集めてくれます。

人に知らせず、密かにする善行のことを、仏教用語では**「陰徳《いんとく》」**と言います。

先ほど、「徳が貯まる」という話について少し触れましたが、陰徳を行うことによって貯まったなんらかの徳が、あるときごほうび的に返ってくるわけではありません。陰徳によって意識レベルが上昇し同じ高い次元に身を置くことで、共振する人たちがどんどん増え、助けてもらいやすくなるということです。

陰徳を積むといいことが起こりやすくなる、それはこういうカラクリなのです。

「愛」で世界と調和する人になれ

自分のなかの「神社」にお祈りをして、素直になって「いいこと」をする。

人が見ていないところで陰徳を積み上げられるようになれば、あなたはもう、かなり高い次元にいるといえるでしょう。**では、いちばん高い次元は何か、ということが気になる人もいるかもしれません。**

本章の最後に、そのことについてお伝えしたいと思います。

どのような自分発振をしている人が、この世界において最も高い次元にいるのでしょうか。ほんのひと握りの聖人だけが可能かのように思われることもありますが、じつは、そんな特別なものではありません。

私たちが自分発振する波というのは、さまざまな感情を伴った波を畳み込めば畳み込むほど、高いヘルツになっていきます。

もともとは低い周波数だったものがいくつか重なり合い、さらにたくさんの波が重なり合うことでサラサラのきれいな波になります。だからこそ、自分自身の「封印されたネガティブ体験」を受け入れ、寄り添いフォトンで相手を受け入れることが、ヘルツを高めるためには必要不可欠な条件でした。人生経験が豊かな人ほど、見た目は穏やかでも強いオーラがあるものです。

たくさんの経験を積み、たくさんの感情を受け入れていくことによって、私たちはどんどん「いい気」を放つようになります。実際に、より高いヘルツを帯びたフォトンが、あなたの意識として、周囲に発振されていきます。

では、その先にある、何もかもすべてを受け入れて相手に寄り添う周波数というのは、どのような周波数なのか。

それは「みんなと調和」の周波数です。

くり返しますが、私たちはすべて「素粒子」でできています。私たちだけではなく、パソコンも机もペットボトルの中のお茶も、すべて同じように「素粒子」でできています。

両親も、夫や妻も、ムカつく上司も、愛しい子どもも、ミクロの世界では、みんな同じ「素粒子」です。

素粒子である私たちは、自分ひとりの影響が、即、全体に影響するし、また全体の変化が自分に即、影響を与えます。

これは、「個は全体であり、全体は個である」ということであり、宇宙の真理でもあります。これを意識できたとき、私たちの次元は最高レベルに到達します。

もうちょっと具体的に考えてみましょう。

私たちは今、大きな大きな海のなかにいます。海のなかですから、あなたが少しでも動けば波が生じます。その波はあなたが発振した波であるとともに、全体に伝わって溶け込んでいきます。あなたは海のなかに存在する「個」であるとともに、高い視点から見ると「海」という全体でもあります。どこかで波が発生すれば、どんなに遠くても、瞬時に影響を受けるようにできています。

いまひとつよくわからないという人は、水のなかに浮かぶ氷をイメージしてみましょう。

水も氷も、同じH_2Oという分子でできています。自分は「氷」という個だと思って「水」に浮かんでいたけれども、じつは水も氷も「H_2O」です。ただ、振動数が低いことで「氷」という固体になっているだけにすぎません。

氷も水も、H_2Oという分子では同じものであり、振動数の違いで水になったり氷になったりしています。

自分は氷だけれども、H_2Oでもある。

これが、「個は全体であり、全体は個である」というイメージです。

海や氷を例に出しましたが、私たちが普段生活している場面も、量子力学で捉えればこれと同じです。フォトンが飛び交い、波がそこら中で発生している「素粒子の海」のなかで生活しています。

私たちの「意識そのもの」も、すべてを内包する「宇宙全体の意識」も、やはり同じフォトンです。この全体の意識と自分の意識がつながる感覚、この究極の一体感こそ、最高の意識レベルといえるのです。

この世のすべてのことを自分のこととして受け止め、自分の行うすべてのことがこの世という全体の一部分だと感じる。

これを感情で表すなら、それは「愛」にほかなりません。

夫が感じた痛みは、すべて私の痛みと同じであり、私がしたことは夫の一部でもある――。

そんな夫婦がいたら、きっと誰が見ても、高い意識レベルでつながった2人と感じることでしょう。そんな「愛」を持ち、夫や妻だけではなく、全世界の人たち、そしてこの世の宇宙とつながっていく。

それが、次元上昇という旅路の末に行き着く、究極の意識レベルなのです。

第5章

「ゼロポイントフィールド」につながって夢をかなえる

ラズロ博士が提唱した「究極の記憶媒体」とは？

「宇宙」について思いを馳《は》せたことがあるでしょうか。

「宇宙はロマン」などと言われるように、宇宙には未知の部分がたくさんあり、今でも科学者たちにとって最も興味が尽きない分野のひとつです。

もちろん、それは過去の物理学者たちも同じです。

この宇宙の現象については、さまざまな学者がアプローチを試みていますが、**「宇宙の正体」に関しては、数多くの天才物理学者たちが同じ答えにたどり着いています。**

それが「ゼロポイントフィールド」です。

聞きなれない人にとっては、ゼロポイントフィールドの存在は、やや怪しげなものに映るかもしれません。しかしこの世の根源である宇宙という存在がゼロポイントフィールドだというのが、まだ仮説ではありますが、彼らの導き出した答えなのです。

その筆頭といえるのが、ゼロポイントフィールドという言葉の生みの親、アーヴィン・

ラズロ博士です。ラズロ博士は、日本ではあまり馴染《なじ》みはありませんが、偉大なシステム理論学者であるとともに、ブダペストクラブと呼ばれる賢人会議の主宰者でもあります。ブダペストクラブは、科学的に世界を平和にするための会議で、科学者のほか、ゴルバチョフ元ソビエト大統領、ダライ・ラマ法王、ローマ教皇など、ノーベル平和賞受賞者がズラリと出席する世界的な会議です。ちなみに、ラズロ博士自身も、ノーベル平和賞にノミネートされています。

そんなラズロ博士は**「ゼロポイントフィールドとは、あらゆるものを畳み込んだ究極の記憶媒体である」**と表現しています。すべての情報が記録されたパソコンのメモリのような存在です。そのメモリには、時間・空間・物質・エネルギーのすべてが内包されています。

私たちのDNAもそこからつくられています。根源は同じゼロポイントフィールドという点では、私とカブトムシは別々の生き物ではありません。私たちを作っている最小単位は素粒子という話をしましたが、素粒子は、宇宙中に広がりゆくゼロポイントフィールドから常に生まれては消えています。ゼロポイントフィールドがすべての根源である所以《ゆえん》です。

図6　すべての根源であるゼロポイントフィールド

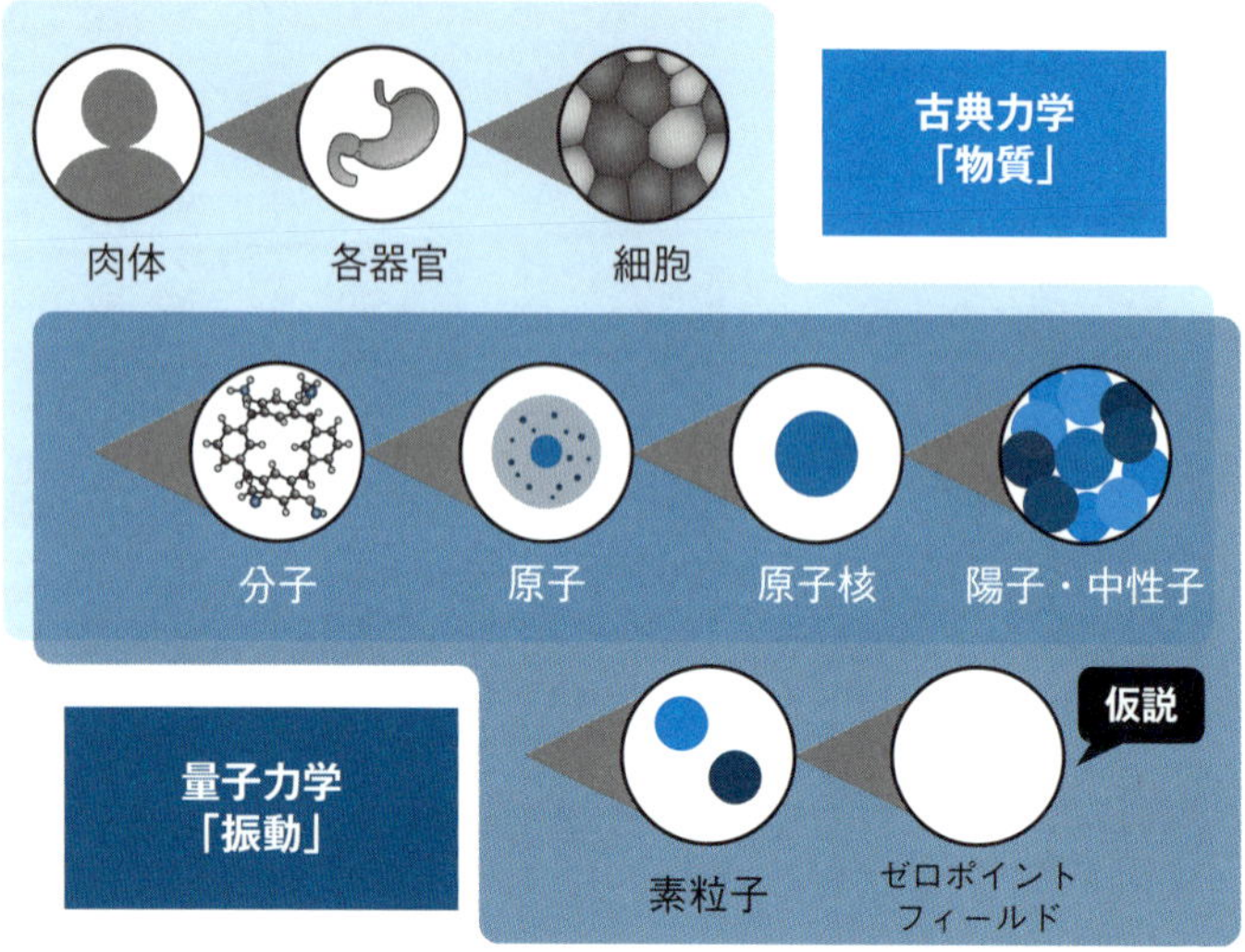

ちなみにラズロ博士以前でいえば、アインシュタイン博士は100年以上も前にその存在を「エネルギーフィールド」と表現し、「宇宙は包括的な全体であり、秩序や見事な調和がある」と語っていました。

アインシュタイン博士がエネルギーフィールドと表現したように、このゼロポイントフィールドには、とてつもない無限に近いエネルギー量が存在します。

アメリカの物理学者であるハロルド・パソフ博士は「そのエネルギーは無限のエネルギー源として利用可能」と指摘し、実際にアメリカ国防省（ペンタゴン）では１９８０年に「ゼロポイントエネルギーの蓄電が国家の重要課題」として位置づけました。最近では２００５年にＮＡＳＡのレポートでも、「一流学者たちが『底なしで超強力なエネルギーの海』について議論している」と触れられているくらいです。

ラズロ博士によると、ゼロポイントフィールドの総エネルギー量は、「物質内のエネルギー総量の10の40乗倍」ということですが、ここまでくるとさすがに私もよくわかりません。

このエネルギーを蓄電することができれば、地球のエネルギー問題は一瞬で解決するでしょうから、アメリカ国防省の行動もうなずけるというものです。

なぜ本書の最終章にゼロポイントフィールドの話をしたかというと、**私たちはゼロポイントフィールドにアクセスすることによって、「奇跡」ともいうべき事象を起こすことができるようになるからです。**

願った現実を引き寄せるのは、これまでにお伝えしたように、高いヘルツで自分発振をし、よりゼロポイントフィールドに近い次元で生きることでした。それで願いは現実化されていきます。

しかし、世の中には、普段ではあり得ないような「奇跡」が起こることがあります。それは奇跡でありながら、奇跡ではありません。私たちの意識がゼロポイントフィールドにアクセスしたことによって、そこで得た情報が現実社会で発現した結果として生じたことなのです。

モーツァルトが作曲した楽譜には、なぜ書き直しがないのか？

ゼロポイントフィールドとはなんなのか、まだよくわからないと思います。

その特徴をまとめると次のようになります。

【ゼロポイントフィールドの特徴】

①宇宙全体がひとつの意識体（有機的な存在）

②調和している（高度な一貫性）

③宇宙中に広がっている（均一的拡散性）
④なんでもある（全情報が畳み込まれている）
⑤瞬時に相互作用している（すべての存在と連携）

つまり、①宇宙は意識を持った生物のような存在であり、②すべてのものと調和し、③宇宙のすべてに存在し、④すべての情報を持っていて、⑤すべての存在とリアルタイムで関わり合っている、ということです。

だから、私たちの体験や感情は同時にゼロポイントフィールドの体験（情報）として蓄えられ、つねにアップデートされています。調和しているので、いつでもアクセスすることが可能であり、ゼロポイントフィールドが持つ情報やエネルギーを「分けてもらう」ことが可能であり、瞬時に世界に影響を与えることも可能といえます。

それを示すような例は世界にたくさん存在しています。

たとえばバッハ、ベートーヴェンと並ぶ世界3大作曲家といわれるモーツァルト。彼は35歳という若さで亡くなりますが、それまでに700曲以上の作品を世に残しています。

彼が活躍したのは1700年代後半。日本でいうと江戸時代の曲が、200年以上経った今でも名曲として親しまれています。

とくに興味深いのは、彼の作曲した楽譜には書き直しがない、という逸話が残っているところです。 実際に彼は、「私が書いたのではない、向こうから聞こえてくる曲を、ただ書き写しているだけだ」と発言しており、ザルツブルクの生家にある楽譜には確かに書き直しがなく、流れるように書かれているといわれています。

これは、彼が頭で考えながら作曲していたわけではないことを示しています。究極の記憶媒体であるゼロポイントフィールドのなかにすでに「名曲」は存在していて、モーツァルトはこの記憶媒体にアクセスして書き写していたということです。

エジソンが発明した「電気」も、スティーブ・ジョブズが発明した「アイフォン」も同じです。その情報はすでにゼロポイントフィールドに存在していて、彼らの脳がアクセスしたことによって偉大な発明として具現化しているのです。

マインドフルネス状態に自分を導く鍵は「ミッドα波」

ゼロポイントフィールドにアクセスすることができれば、不可能と思えるような「奇跡」を起こすことができます。それは仕事でも趣味でも、どのような形でも起こり得ます。ゼロポイントフィールドにアクセスするほど、願った未来も現実化しやすくなっていきます。

では、どうすれば私たちはゼロポイントフィールドにアクセスすることができるのでしょうか。ここが肝心です。

ほとんどの人は、無意識のうちにゼロポイントフィールドにアクセスして「奇跡」を体験するのですが、**次元上昇して高いヘルツを身につければ、私たちはある程度、意識的にアクセスすることが可能になります。**

その鍵を握るのが「ミッドα波」と呼ばれる脳波です。脳波とは、脳の働きによって起こる電気活動の記録と思ってください。δ波（デルタ波）、θ波（シータ波）、α波（アルファ波）、β波（ベータ波）、γ波（ガンマ波）の5種類が存在しています。

この5つの脳波は、周波数によって分けられていて、次のように分類されています。

δ波（デルタ波）……0・5〜4ヘルツ
θ波（シータ波）……4〜7ヘルツ
α波（アルファ波）……7〜14ヘルツ
β波（ベータ波）……14〜32・5ヘルツ
γ波（ガンマ波）……32・5ヘルツ以上

よく「リラックスするとα波が出る」などと言いますが、これは緊張を緩和するという活動を行ったことによって脳の神経細胞からα波という電気信号が出ている、ということです。

このα波は7〜14ヘルツの脳波といわれていますが、そのなかでもとくに、中間に位置する9〜11ヘルツの脳波を「ミッドα波」と呼んでいます。脳波がこの「ミッドα波」の状態に入ると、非常に集中力が高くなったことを示すのですが、**このミッドα波の状態こそが、ゼロポイントフィールドにアクセスするための最もシンプルな方法なのです。**

よくスポーツ選手が「ゾーンに入った」という表現をしますが、これは集中力が高まり脳波がミッドα波になったことで、ゼロポイントフィールドにアクセスし、普段であればできないような奇跡的なパフォーマンスを現実化した状態といえます。

たとえばプロのサッカー選手が、練習では一度も成功したことのないシュートなのに、本番の大一番で成功したという話は、「ゾーン」に入ることでゼロポイントフィールドに存在する「理想のシュート」の情報にアクセスし、それを体現したからといえます。

つねに高い集中力を維持する野球のイチロー選手は「打てるはずないのに打ててしまう、自分以上の力が出てしまう」と自分を評して語っていたことがあります。「だから僕は、スランプのときこそ絶好調が訪れる。そういう世界があるんです」という言葉が出るのは、意識的にその「神ってる領域」に「行き来」しているからでしょう。

仕事でいえば、外が暗くなっているのに気づかない、名前を呼ばれてもまったく聞こえないくらい集中している状態が、ミッドα波になっている状態といえます。たとえば、締め切りギリギリで時間のないなか、自分でも信じられないくらい、あっという間に作業が進んだことはありませんか。もしくは、考え続けた末にふっとアイデアが降ってきた、という経験はありませんか。これも、ミッドα波の状態で起こる現象です。

昨今、グーグルやヤフー、ナイキなど世界的な企業で取り入れられている「マインドフルネス」も同じです。

集中力を高めることによってミッドα波の状態になり、ゼロポイントフィールドとアクセスしやすくなった状態が、マインドフルネスです。だからこそ、マインドフルネスは全体との一体感を覚え、すべてを受け入れる穏やかな心になれるのであり、そこからアイデアやヒントが生まれるとされています。

このような、現実に圧倒的な成果をもたらす世界があることに対して、経営者として名高い稲盛和夫先生は「知恵の蔵」があると表現し、科学者の村上和雄先生は「サムシング・グレート」が存在すると表現されています。

高い集中の先にミッドα波が現れたその瞬間、あなたは脳みそレベルを超えたゼロポイントフィールドの世界にぶっ飛んでいきます。

ただし、誰でもがぶっ飛べるわけではありません。

自分が今いる意識レベル（ヘルツの次元）が低い場合、最上位の次元にあるゼロポイントフィールドとあまりに距離があるため、アクセスすることはできません。第4章までのプロセスを経て、一定の次元に自分を置くことによって、「奇跡」は起こせるようになります。

つまり、条件としては次のようなものと考えてほしいのです。

「ゼロポイントフィールドにアクセスする方法」

・一定レベルの次元にいること　＋　「ミッドα波」状態

次元上昇については、第3章、第4章で説明しました。

ここからは、ミッドα波状態になるための、集中を高める方法について紹介し、望む人生の現実化をサポートする「ノウハウ」として役立てていただければと思います。

呼吸法でフォトンを集中させてヘルツを高める

まず簡単なのは呼吸法です。

呼吸法は最もシンプルに、いつでもどこでも集中力を高めてミッドα波を呼び起こす方法です。

呼吸法はさまざまなやり方があるので、もしすでに実践しているという人は、やり方を大きく変える必要はありません。ここでは私が実際に教えている方法をお伝えしたいと思います。

①まずは目を閉じる
②背筋を伸ばして姿勢を正し、口から息をすべて吐き切る
③7秒かけて鼻から息をゆっくり吸う
④10秒かけて口からゆっくりと息を吐き出す

これを3セットくり返します。

ポイントは、最初の①と②をおろそかにしないこと。ここをちゃんとやることで、高められる集中力も変わってきます。もし小学生以下の子どもに実践させる場合は「5秒で吸って、7秒で吐く」を3セットやりましょう。

最初は「7秒で吸って、10秒で吐く」だけでも大変な作業です。慣れてきたら、この時間を少しずつ延ばしていってください。この時間が長くなるほど、一度で高く集中できるようになっていきます。私はずっと呼吸法を続けてきて、今は「30秒で吸って、40秒で吐く」を実践しているところです。

これを日常生活のなかで、気づいたときに行うようにしましょう。私はトイレに行ったときや電車で移動しているとき、車の運転中など、ちょっとした合間に行うようにしています。

学生であれば、試験が始まる直前はもちろん、問題に行き詰まったときにもやるように指導しています。それを実践することで、**なかには、「選択肢のなかから答えが浮かび上がって見える」と言った生徒もいました。**

スポーツであれば、試合前に行うことで一点に集中できるようになります。高校総体の卓球県大会で優勝した生徒は、「相手が打つ前にボールがどこに来るか、その軌道が白い線になって見えた。そこにラケットを置いただけだった」と経験談を話してくれました。

昔から「呼吸が浅い」「呼吸が乱れる」などという言葉があるように、呼吸の間隔が短くなることは悪影響があると体感的に私たちは知っています。長くゆっくり呼吸する習慣を取り入れて、呼吸の間隔を少しずつ長くしていくことで、まずはミッドα波を出しやすい「脳環境」をつくってほしいと思います。

神社では「最高の自分を発揮します」と唱えなさい

私たち日本人には、あまり縁がないと思われがちですが、「祈り」もミッドα波を生み出すにはとても大切な習慣です。私たちには、意識しなくともさまざまな習慣がありますが、「祈り」が効果的に行えるようになると、あなたの意識レベルは大きく上昇していきます。

神社に行くと願いがかなう――。

私たちがそのように信じているのは、神社は「祈り」を効果的に実践する場であり、「祈り」がミッドα波を高めてゼロポイントフィールドにアクセスしやすくするための方法でもあるからです。

ではどのように祈ればいいのか。

じつはとくに決まった形はありません。心のなかで祈るだけでも構いません。それよりも、祈る内容ですべてが決まります。

私利私欲の祈りではなく、「最高の自分を発揮します」という祈りに切り替えるようにするということです。

たとえば初詣《はつもうで》では「結婚できますように」「合格しますように」「仕事がうまくいきますように」などと「祈り」を捧《ささ》げます。ここいちばんの大勝負の前には、「合格しますように！」「勝てますように！」と祈ることがあるでしょう。

しかし、そのほとんどは私利私欲の祈りです。

「婚活で自分の魅力を最大限発揮します」「試験で、最高の自分を出します」などとお祈りするようにしてください。

「医者になれますように」という願いも、「将来稼げる仕事をしたいから」という欲望から来るお願いであればヘルツが低いため、それはうまくかないません。そうではなく「医者になることで、病気に苦しむ人々をひとりでも多く救える自分になります」とお祈りします。

この言い方であれば、「最高の自分を発揮します」という祈りになります。

同じ「医者になる」という願いでも、祈りの内容が異なると、生じる波が変わってきます。私利私欲の願いは、低いフォトンを放出して、自分自身の意識レベルを下げることにもつながります。もちろん、ミッドα波が出ることはありません。

一方、正しい祈りをした場合は、身体のなかのフォトンの振動数が上がりエネルギー量が上昇します。ヘルツが高まることで、実際に、より遠くに祈りが波に乗って拡散するようになるのです。

ちょっとした「祈り方」の違いですが、その内容を間違えないようにすることが大切です。

私たちは普段、祈っている場面が思った以上にたくさんあります。**その一回一回が効果的な祈りか、それとも自分をダメにする祈りか、積み重なるとものすごい差が生まれてしまいます。**

うれしいことに、祈りは何度やってもいいんです。

だから、ここで祈りの方法を知ったなら、それを利用してどんどん日常で祈りを活用すればそれだけ願いがかないやすく、奇跡も起こしやすくなります。

部屋の四隅にお祈りをして「場」を整える

祈りの仕方を覚えたら、次にぜひ行ってほしいのが、「場」にお祈りする習慣です。私はこれを実践するようになってから、本当に何度も助けられ、また思い通りに物事が運ぶようになりました。

たとえば、私はセミナーを行う際、全国津々浦々、小さな部屋から大きな会場まで、必ず祈りを捧げてから準備を始めます。**部屋や会場のどこに祈りを捧げればいいかというと「四隅」です。**

なぜ部屋に祈りを捧げるかというと、部屋や会場も私たち同様に素粒子によってできていて、私たちのフォトンを取り込んでいるからです。私たちが「祈りのフォトン」を部屋に注ぎ込めば、部屋にそのフォトンが取り込まれ、その祈りによって会場全体を包んでくれるようになります。

セミナーなどの会場に限らず、私は仕事場でも家でも同じように部屋にお祈りをしています。

住んでいるところに仕事部屋があるならば、その部屋の四隅に仕事で最高の自分を発揮できるようお祈りしておくと、部屋全体を満たすヘルツが高まります。また、何よりも自分自身の集中力が高まるようになり、普段ではあり得ないようなアイデアが出たり、仕事量をこなせたりします。同じ部屋でも、試験や資格取得のための勉強をするのであれば、それに合わせて祈りも変えてみましょう。

お祈りの効果は絶大です。

私はこれを始めてから、「声がよく通るようになった」「内容がすごく伝わるようになった」と言われるようになり、全国からセミナー依頼をいただけるようになりました。クレームが来ることはなく、どんどん人の輪が広がっていくのを感じます。

また、私の塾のトレーナーにピアノの先生がいるのですが、「頑張ってね」と生徒に声をかけていたころは、受け持つ生徒で優秀賞を取れるのは一人いるかいないかでした。**しかし、レッスン部屋に「世界のために最高の自分を発揮します」と祈りを捧げるようになってからは、小中高すべてのクラスの子たちが県大会で優秀賞を取って、全国大会に進むまでになりました。**

ちなみに、「道具にも祈りを込めたほうがいいですか?」という質問を受けることがあるのですが、道具の一つひとつにまで祈りを込める必要はありません。

よく、一流の人ほど道具を大切にして気を込めているといいますが、特別な道具があるならそれもいいと思います。しかし、私たちはつい目の前の「道具」にばかり意識が向いてしまい、「場」に対する気持ちがおろそかになりがちです。

まずは「場」に祈ることによって全体の振動数、エネルギーを高めることで、道具も含めて、自らが最も集中しやすい環境をつくるようにしましょう。

「意識のノイズ」を取り除き「神レベル」の結果を出す

理想的な集中状態に突入するには、「やってはいけないこと」も知っておきましょう。集中を阻害する要因を知っておかないと、どれだけ呼吸法や祈りをくり返してもミッドα波の状態には至らない場合があります。奇跡を起こすどころではありません。

集中を阻害する要因というと、テレビ、音楽や人の声、机や椅子といった環境などを思い浮かべるかもしれませんが、そうではありません。

集中力を最も阻害するのは「意識のノイズ」です。どんなに周りがうるさくても、ミッドα波の状態の人には、周囲の雑音は邪魔になりません。一方、どんなに恵まれた環境にいても、意識に「ノイズ」があると最高の集中に至ることは決してできないのです。

とくに集中力を乱すのは、次のような「意識のノイズ」です。

・自信がない
・人をうらやむ
・「あいつに勝とう」と思う
・上手にやろうとする

ここでは、「上手にやろうとしない」というのを覚えてほしいと思います。

最初の3つはいずれも、「ヘルツを高くして次元上昇する」過程でお伝えしてきたことです。「できない」と思うのではなく「できる」と思うことで、まずは自分のヘルツを高める。これはどんなに難しい課題にチャレンジする場合でも同じです。「どうせ無理」と思っていると、「どうせ無理」というフォトンを発振してそれが現実化します。

「人をうらやむ」「勝とうと思う」のはどちらも相手と比較している状態です。第4章の冒頭でもお伝えした通り、相手との比較は、自分自身が持つ100のパワーを分散させてしまいます。意識もヘルツも乱れて、100の集中には届きません。

でもミッドα波を出すには、100の集中が必要です。

ではなぜ「上手にやろう」という意識はいけないのでしょうか。一見すると、集中できているように思います。実際、多くの人が物事にチャレンジする際、「うまくできるように」と願うものです。

でも、これも結局は「相手との比較」であり、「最高の自分を発揮する」こととは違います。じつはこのことに気づいたのは、私自身の大きな失敗と成功がきっかけでした。

2013年、私は自分の夢を発表する「ドリームプラン・プレゼンテーション（ドリプラ）」というイベントの世界大会に参加していました。自分が手がける事業が社会に広まることで、どのような価値が生まれるのか、それを発表するイベントで、福島正伸氏が大会実行委員長を務めている大会です。

20人がエントリーしていて、順番に持ち時間の10分をかけて発表します。およそ半年かけて準備していくなか、私はずっと1位か2位には入る出来栄えだといわれてきました。しかし、本番1週間前のリハーサルに出席すると、ほかの参加者のみなさんがしっかりと仕上げてきていて、「やばい、抜かされた！」と思ってしまいました。

そのときです。

私のなかに「うまくやらなきゃ」という意識が生まれたのです。いま思うと、相手の出来栄えに左右された、まさに集中が途切れるきっかけとなる「意識のノイズ」でした。「うまくやろう」と思った私は、結局もっと緊張してうまく言葉が出ず、頭が真っ白になっては台本を見ながらプレゼンする始末です。「何を伝えたいのか」という意識がすっかりなくなっていました。

私は思い切って台本を捨てました。

残りの1週間、

「人との勝負はダメだ。『何を伝えたいのか』だけに集中して、最高の自分を発揮しよう」

そう専念することにしました。

当日のプレゼンでは、妻の出産シーン、母が孫を抱っこしたときの喜びの感覚、大親友が事故で亡くなったときのご両親の悲痛などの話をしている最中、妻や母、親友のご両親と一体化した感覚になり、さらには、まっすぐ前を向いているのですが、会場の300人の顔がすべてハッキリと見えました。あのときの「ゾーン」に入った感覚は、今も忘れられません。

もし、当日も「うまくやろう」と思ってやっていたら、あの一体感が出てくることはなく、決まり切ったプレゼンをして終わっていたことでしょう。

「相手に勝とう」という気持ちは確かに大切です。しかし、そのときに出るのはあくまでベータ波やガンマ波の領域です。アドレナリンが出ることで一定の結果には結びつくでしょうが、あくまでも「人間レベル」の結果しか生まれません。**大きな結果を出したり、自分の運命を大きく引き寄せたりする人は、ここぞというときに集中して「神レベル」の結果を引き寄せます。**

決して特別なことではありません。

目指すべきことは変わらず「最高の自分を発揮します」という意識を持つことです。そして相手と比較せず、「うまくやろう」という意識を捨てる。

それだけで、誰でもゼロポイントフィールドという「神サイドの領域」にアクセスしやすくなります。その領域は、相手との比較をしない、だから苦しみも悲しみもない、全体と調和した最高に居心地のいい領域です。

その居心地のよさに、ぜひ「やみつき」になってほしいと思います。

単純作業こそ、最高の集中力トレーニングになる

「普段の私は単純作業の毎日です。誰でもできる作業だし、特別なことなんて何もしていないんです。先生のように自分が何かを生み出す仕事ならまだしも、私はいくら集中してもムダだし、とてもミッドα波の領域になんて行けそうにありません」

集中の仕方についての話をすると、ときどきこのような質問を受けます。アイデアが必要なわけではないし、与えられた作業をこなすだけだから主体性もない。単純作業ばかりの毎日で、集中力が高まるとは思えない、というのです。

とはいえ、「毎日つまらないな」と思いながら仕事をしていては、「つまらないフォトン」を発振してそれが現実化し、ますますつまらなくなってしまいます。

しかし、安心してください。

じつは単純作業をしている人こそ、集中力を高めやすい環境にあるのです。**なぜなら、単純作業を毎日くり返していると、「極みの頂点」を意識することができるからです。**

呼吸法や祈りによる集中は、どちらかというと「一時的」に集中力を高める方法でした。しかし、毎日少しずつ集中力を高めていく方法もあり、それがこの「極みの頂点」を意識する方法です。

たとえば、毎日データ入力の仕事をしているとします。そのうち、1日の売上を入力する作業が最速でも30分かかるとします。これがその人の、その作業における「極み」です。それを、「もっともっと速くして20分で終わらせよう」という新たな極みの「頂点」をイメージしながら毎日コツコツと作業をしていきます。

初めは全然タイムが縮まらずにうまくいかないと思ったり、ミスが出てゆっくり正確にやったほうがよかったと思い直すかもしれません。でも、次第にタイムが28分、26分と縮んでいくに従って、そのデータ入力作業をしているときの集中力は明らかに上がっていきます。

いうなれば、集中力の「標準値」が上がってきているのです。

もちろん、「スピード」に限らず、「正確性」で「極みの頂点」を目指してもいいし、お客様と触れ合う仕事なら笑顔や「ありがとうございました」という言葉のかけ方で「極みの頂点」を目指しても構いません。

家事や勉強、スポーツなどでも単純作業のなかに「極みの頂点」を見つけることもできるので、「速くやってみる」「より多くの人へのお役立ちを意識する」など、自分が目指したいと思える「極みの頂点」を設定して、最高の自分を発揮しやすくしましょう。

注意点は、コツコツでいいから、「極みの頂点」を毎日意識することです。途中でこの意識が途切れると、それまで積み重ねたコツコツがリセットされてしまいます。楽器の奏者などがよく「1日練習をサボると、取り戻すのに1週間かかる」などと発言しますが、それと同じです。

単純な仕事を嘆く人が多いようですが、むしろ、毎日のなかに単純作業がなく、違ったことばかりしている人には、「極みの頂点」を意識することができません。比較することができないからです。

単純作業ばかりしている自分を嘆く必要はまったくありません。

嘆けば嘆くほど、それが自分発振となり、自分にその波が返ってきてしまいます。そうではなく、「極みの頂点」を目指すことで、あなたもゼロポイントフィールドに近づいてみましょう。

そうなれば、自然と周りはあなたのことをぞんざいに扱うことができなくなります。いろいろな仕事を頼みたくなることもあれば、大切に扱われたり、思いもよらないところから仕事のオファーが来たりします。

奇跡はどんな人の前にも、舞い降りてくるのです。

「見える世界」と「見えない世界」とでは時間の流れがまったく違う

さて、ここまで集中力を高める話をしてきましたが、本章の最後に「見えない世界」における時間の流れの話をしたいと思います。

どうして最後に時間の話をするかというと、私たちは集中することで「時間の流れ」を変えることが可能だからです。

よく、「集中すると、時間が短く感じられる」「楽しい時間はあっという間に過ぎる」と表現しますよね。これは、「そんな気がする」のではなく、実際に短くなっているんです。

たとえば、集中して取り組むと、普通の人が4時間かかる作業を、1時間に時間を縮めることができるのです。

じつは時間がズレる要素というのは、2つあります。それは「速度」と「意識」です。

ひとつ目の「速度」は、有名なアインシュタインの特殊相対性理論で語られた「ウラシマ効果」と呼ばれるもので、光の速度に近づくほど、時間は遅く流れる、というものです。詳しい公式はここでは割愛しますが、たとえば、ロケットに乗っていて光の速度の90％で移動した場合、地球で100時間経った時点で、そのロケットでは44時間しか経過していない、というように、時間というのは「相対的」に決まります。

ここで伝えたいのは、2つ目の「意識」による時間のズレです。

そもそも私たちの「見える世界」における時間というのはどのように決まっているのでしょうか。

地球には「時差」というものがあるのは、みなさん知っているでしょう。海外旅行をすれば、日本とどのくらいの時差があるのかを必ず調べますよね。そのとき、経度0度に位置するロンドンのグリニッジ天文台を基準に世界の時間が決定されています。ちなみに「1秒」はセシウム133という原子をもとに決定されています。

一方で、脳には時間の計測機能がありません。

では、どうしているかというと、**「意識されたデータ量」によって時間を計測しているのです。たとえば、「1粒、2粒、3粒……」というように、脳のなかに何粒のデータが測定されたかによって時間を計っているということです。**

もし1時間を、「暇だなあ」と思いながら家でボ〜ッとして過ごしていたら、その人の脳には極端な話をすれば「10粒」くらいしか情報が上がってこない。そうすると、1時間が10分しか経っていないように感じられます。でも、仕事や作業に集中していて同じ1時間のなかで脳に「300粒」の情報が上がってきたら、1時間が300分、つまり5時間分にも感じられるのです。

1時間というのが「目に見える世界」の時間であり、「10分」や「5時間」というのが「目に見えない世界」の時間、つまり、私たちの意識に流れている時間です。

だから集中している人にとっては、地球時間では同じ時間であっても、より多くの時間を過ごしていることになります。**脳内の「時間密度」が高いということです。**

反対のケースもあります。

たとえば、家族が事故に遭って亡くなってしまったなど、すごくショックなことがあった場合、「あの日から時間が止まった」という人がいます。そこまでいかずとも、ショックを受けて、しばらく時間が止まったかのような感覚になることはあるでしょう。これは、ショックを受けたことで意識が働かなくなり、「意識されたデータ量」が通常の「100粒」から「3粒」などと極端に低下。そのため、100分の間に「3分」しか時間が計測されないほど、脳内の時間密度が低下したということです。

実際には多くの時間が流れているにもかかわらず、時間がとてもゆっくり進んでいるように、もしくは止まっているかのように思えてしまうのです。

このように、地球時間と脳時間では、流れている時間が異なります。肉体的な寿命は地球時間によるところの80年程度かもしれませんが、私たち一人ひとりが「個人レベル」で過ごしている時間というのは決して同じではありません。

よりよい集中力を身につけた人は、奇跡を起こしやすく、願いの現実化もしやすくなります。それだけではなく、量子力学的に「時間密度」が高くなり、より長い時間を生きて成功や幸せを謳歌《おうか》することができるのです。

次元上昇したあなたには、宇宙からのプレゼントが与えられる

振動数が高くなって次元上昇し、ゼロポイントフィールドにもアクセスしやすくなったあなたの世界はどんどん変わっていきます。それとともに、自分自身が変化していくことにも気づくでしょう。

なぜなら、そのときにはすでにあなたは大きな「プレゼント」を与えられているからです。

くり返しますが、ゼロポイントフィールドには、すべての情報が畳み込まれています。すべての人の、すべての可能性が存在しています。次元上昇してゼロポイントフィールド

とアクセスできる振動数を得た人には、もれなくゼロポイントフィールドがプレゼントをくれるのです。

そのプレゼントとは、**「人生の新たな目的」**です。

私は長い間、父に認めてもらいたいという思いで生きてきて、会社員のときにはうつ病になるほど、自己犠牲をしながら自分を孤立させて生きてきました。どうしていいものか、まったく光が見えなかった私はインドやチベットへと「国外逃亡」したこともありました。ガンジス川に入ってただ流れに身を任せたこともあれば、ダラムサラのドミトリーで100人もの尼さんの読経の声に耳を傾けたこともありました。ダライ・ラマ法王にも会いに行きました。

また、1週間の内観研修を行って自分の過去と向き合ったり、その他の自己啓発セミナーにも通ったりしました。

そのときから比べると、私は本当に変わったと思います。

振動数が高まってからは、どんどん周りの人間関係が改善し、自分の目標が現実化していき、今では、「世界規模で教育を普及させ、『すべては自分発振』ということを世界中の人たちに伝え、真の地球平和を実現する」という人生の目的まで見つかったのです。

私が塾を開講しているのも、セミナーで全国の方々に向けて話をしに飛び回るのも、すべてはこの目的をまっとうするためです。今は全国の子どもたちの教育を変えるため、「大きな計画」を進めているところです。私にとっては「人生の目的」以上といえる、「天命」をプレゼントされたと思っています。

ゼロポイントフィールドは、あなたに最もふさわしい、そしてあなたにしかできない、あなただけの「人生の目的」を与えてくれます。

そのプレゼントに気づいた瞬間から、あなたの人生は変わります。**なぜなら、「自分にふさわしい出来事」に敏感になり始めるからです。**それに敏感に反応していくだけで、あなたの夢も目標も、より大きな規模で現実化が加速していきます。

協力者もどんどん現れます。

ありがたいことに、今の私がまさにその恩恵をいただいていますが、本来ならば会うことすらかなわないような方とお会いするチャンスが続々舞い込んできて、つながり始めています。そして自分では決してできないことを準備してもらったり、自分にはない知恵を与えてくれたりして、夢を応援してくれるのです。

私はこれを「渡りに舟現象が起きる」と呼んでいます。

与えられた「人生の目的」を持った人たちは、みなゼロポイントフィールドに近い次元まで上昇した、振動数の高い人ばかりです。ですからそれぞれの思いに共感し、自分のことのように応援するようになります。自分の夢を掲げるほど、自分にはない力を持った人たちが、共振してくれるようになります。

いま取り組んでいる「大きな計画」も、その人たちのサポートがなければ決して進めることはできませんでした。

私たちはどんな状態からでも、よりよい自分発振を意識するだけで悩みを解消し、望む将来を現実化することができます。お金の悩みも、親子の悩みも、夫婦や家族の悩みも、仕事の悩みも、健康の悩みも、例外はありません。

自分の望む人生を引き寄せると同時にプレゼントされる「人生の目的」「天命」を受け取った瞬間、自分の望む生き方が、日本や世界をよくするための生き方になっていきます。

規模の大小は関係ありません。**自分に降りてきた「生きる目的」が必ず周囲の役に立っていて、どんなに小さな形でも、世の中をよくすることに役立っています。**

しかも、その情報は「究極の記憶媒体」であるゼロポイントフィールドに記録され、また次の世代へと引き継がれていきます。

自分発振とは、自分らしい生き方を、無理なく努力いらずで見つける方法でもあったのです。

最高の自分発振に専念することが、いちばん大切な人のためになる

振動数が高くなると、あなたを中心にして周囲の空間の振動数も上がり、その影響で周りの人の振動数もどんどん引き上げられていきます。そしてその「振動」はどんどん広がり、やがて地球の振動数をも引き上げます。それはとてもすてきなことです。

ただ、最後にひとつだけ気をつけてほしいことがあります。

それは「周りのために頑張らない」ということです。人生の目的を見つけて、相手に共感もできるようになると、ときどき「周りのために頑張る」という落とし穴にはまる人が現れます。

でも、周りのために頑張ろうとすると、いつしか自分のなかが「空っぽ状態」になってしまいます。すると、少しずつ苦しくなり、エネルギーが湧かず、心が乾いてしまいます。心の乾きは、せっかく見つけた人生の目的を見失わせ、ときに身体を壊してしまうことにもなります。

周りのためではなく、あくまで自分の目的のために自分発振してほしいと思います。

大切なのは、いつまでも「最高の自分を発揮する」こと。そんなあなたの行動やパフォーマンスがたくさんの人を感動させ、共振させ、どんどん周りの人のヘルツを高めていきます。あなたのすぐ近くに大切な人、守りたい人がいるならなおさらです。

自分発振に専念することが、いちばん大切な人のために役立っています。

ときには問題に直面することもあるかもしれません。難しい選択をせまられる場面もあるでしょう。

そんなときは、情報や知識で選択するのではなく、楽しいか、うれしいかという基準で選択するようにしてほしいと思います。情報や知識というのは過去を意識したものです。**対して、楽しいか、うれしいかというのは、「未来」を意識した選択です。**

過去を意識した選択には失敗がつきまといます。しかし、「未来」を意識した選択ならば、自分発振によってその未来を引き寄せ、現実化することが可能です。

その意味でも、自分発振を続けてほしいと思います。

たくさんつらい思いをすると、人生はもう取り戻せないような感覚に陥ることがあります。**でも、量子力学的に見ると、たくさんの感情を受け止めた人の波は、振動数が高く、とても穏やかで美しい姿をしています。**

美しい波ほど遠くまで届き、たくさんの人がその波に共振します。

そんな波によって形成される家族や社会が、美しくないはずがありません。

一人ひとりが自分発振をしたその先には、きっとすてきな世の中が待っていると私は信じています。ここまで読んでくださったあなたも、間違いなく美しい波を持つ一人です。

その波を、あなたのためにこれからもっと広げてほしいと思います。

あなたの願う人生は、いつでもあなたのすぐそばで、あなたが選んでくれるのを待っています。波のようにゆったりと、とても優しくたたずみながら。

おわりに

本書を読んでくださり、ありがとうございました。

「私の中で何か動いた！」「見えない世界が見えるようになった！」「何か人生動きそう！」と感じてくれたとしたら、とてもうれしく思います。

塾の生徒やセミナー参加者、トレーナーの方々によって、私自身ここまで成長することができました。とくに、たくさんの生徒たちに関わるなかで多くのことを学びましたが、私にはどうしても忘れられない生徒が一人います。

その話を最後にさせてください。

中学２年生のときのこと、Ｄくんはお母さんに連れられて、塾の体験学習にやってきました。小学３年生のときにご病気でお父さんを亡くされたようです……。そのことがずっと気になっていたので、彼と心が通い合ってきたと感じたころ、丁寧に丁寧に、伝えたことがあります。

「Ｄくんのお父さんはね、身体からは抜けたかもしれないけど、Ｄくんのことを守りたいという思いは変わらないんだよ。むしろ身体から抜けると意識だけになるから、Ｄくんに何かあったときは、すぐに守りに来てくれるんだよ。お父さんはいつも、Ｄくんのことを見ているから」

Dくんなりに、その言葉を受け止めてくれたようです。

それ以来、Dくんはどんどん主体的に行動するようになりました。入塾から半年足らずで部活動のキャプテンになり、数学では学年トップを取りました。生徒会長にもなり、志望校も合格。高校に入ってからは、部活動の新人戦で県大会優勝を果たすまでになり、大学も皆が知っている都内の名門私立大学に推薦入学しました。

お父さんを亡くした出来事によってつらい気持ちが根底にあり、それが「自分発振」となっていたDくんですが、「お父さんはいつも僕のことを見てくれている」ということに気づいてからは、「自分は大丈夫!」という気持ちを取り戻し、大きなパワーを得て人生をどんどん好転させていったのです。

「お父さんを亡くした当時、夕方暗くなると、息子はシクシク泣いたり、ごはんが食べられなくなったりしていました。前進しようとはするけれど、ずっともがいている感じだったんです。でも今では前を向くようになり、少しずつ変わっていきました」

お母さんからの言葉は私の胸の奥深くに響きわたりました。

Dくんは当時、中学生ながら過去の出来事を「つらいこと」ではなく、自分にとっての「財産」にし、ヘルツを高めたことで、新たな「パラレルワールド」へシフトして生きるようになりました。私たちは、ほんのちょっとした意識の差で、発振する「波」が変わり、ヘルツが高まることで、素晴らしい未来を歩むことができるのです。

将来、きっと彼は相当な大物になる。私はそう感じています。

そもそも私たちは、大切な「役割」を持って生まれています。そこにいつ、どのタイミングで気づくのか。今からでも遅くはありません。私自身も体験したことですが、気づいてから人生は大きく動き始めます。

このことを科学的な視点から「教育」を通して伝えていき、愛にあふれた自分発振をする人たちだらけの社会にしていく。それが私の天命です。

その天命を少しでも実現するべく、本書を通して一人でも多くの人の自分発振が変わり、あなた自身はもちろん、社会全体が幸せになることを後押しすることができればと、心から願っています。

＊　＊　＊

「父の会社を継がなければならない」「どうにかしなければ」と自分で自分を追い込み、うつ病になって仕事以外は家から出られなくなった時期も含め14年間。私を支え続け、私の自分発振を見守り続けてくれたのは最愛の妻でした。

「大ちゃんは、大ちゃんのままでいいんだよ。大ちゃんはお父さんとは違うんだよ」

どん底だったときの妻のひと言、伝えてくれたときの情景、「じわ～」っと満たされた気持ち、それらは今でも忘れられません。それが私のヘルツを高めてくれました。妻による寄り添いのヘルツがなければ、今の私は存在していません。

そして私を産み育て、「生き方」を教えてくれた両親と祖父母。私の特質をつくってくれた4人の姉・妹・弟たち。私にとって幸せの源泉であり宝である3人の息子と娘。妻を産み育て、私をたくさん応援してくれている義理の両親。

感謝と深い想《おも》いでサポートしてくださっている開華スタッフの人たち。ともに成長してきた数百名の開華トレーナーの皆さん。深い智慧《ちえ》を授け、多くのご縁をつなげてくださった倫理法人会の皆様。

そしてこの本があなたのお手元に届くまで、高いエネルギーをかけ続けてくださったサンマーク出版の皆様に深く感謝して。

２０２４年10月

村松大輔

【著者紹介】
村松大輔（むらまつ・だいすけ）

[illegible]

自分対話で現実を変える
「量子力学的」願望実現の法則

2024年10月15日 初版印刷
2024年10月20日 初版発行

著　者　村松大輔
発行人　黒川精一
発行所　株式会社 サンマーク出版
　　　　東京都新宿区北新宿2-21-1
　　　　（電）03-5348-7800
印　刷　三松堂株式会社

ISBN978-4-7631-4179-8 C0030
ホームページ https://www.sunmark.co.jp